W0324829

Armin Kaster

Ich kann mich verwandeln!

Kunstanregungen, die Fantasie sichtbar machen

mus.e Edition
Künstler für Kinder

Verlag an der Ruhr

Impressum

MUS-E® Edition – Künstler für Kinder

Ich kann mich verwandeln!

Kunstanregungen, die Fantasie sichtbar machen

Autor: Armin Kaster
Herausgeber: Yehudi Menuhin Stiftung Deutschland
Rahmenlayout: Lambert & Lambert, Düsseldorf
Layout: Giuseppe Casciani, Wuppertal
Fotos: Armin Kaster
Druck: B.o.s.s Druck und Medien GmbH, Goch

Verlag an der Ruhr
Alexanderstraße 54, 45472 Mülheim an der Ruhr
Postfach 10 22 51, 45422 Mülheim an der Ruhr
Tel.: 0208/439 54 50 – Fax: 0208/439 54 239
E-Mail: info@verlagruhr.de
www.verlagruhr.de

ISBN 978-3-8346-496-5

geeignet für die Altersstufe 4 5 6 7 8 9 10

Weiterer Band der Reihe:
MUS-E® Edition – Künstler für Kinder
Silke Bachner, Sabine Kehse:
Schule innen schöner machen!
ISBN 978-3-8346-0494-1, **Best.-Nr. 60494**

Noch mehr Bände der Reihe finden Sie hinten im Buch, auf S. 113.

Wir sind seit 2008 ein ÖKOPROFIT®-Betrieb und setzen uns damit aktiv für den Umweltschutz ein. Das ÖKOPROFIT®-Projekt unterstützt Betriebe dabei, die Umwelt durch nachhaltiges Wirtschaften zu entlasten.

Gedruckt auf chlorfrei gebleichtes Papier.

Die Schreibweise der Texte folgt der neuesten Fassung der Rechtschreibregeln – gültig seit August 2006.

Dem Elfenhörnchen gewidmet, das mich das krückenlose Sehen lehrte.

Inhalt

Künstlerporträt

Armin Kaster

Armin Kaster wurde 1969 geboren. Er hat sieben Leben, wovon bereits drei vorüber sind. Seit 2001 arbeitet er als freischaffender Künstler. Doch am liebsten sitzt er mit dem Elfenhörnchen und dem Wildpferd zusammen und verputzt einige Teller Wörtersalat. Wenn es sich nicht vermeiden lässt – und was ist aus lauter Lebensfreude überhaupt vermeidbar? – reist er durch die Welt und verteilt Formen und Farben an Ureinwohner verschiedenster Länder. Dabei achtet er darauf, dass alle genug bekommen, was in der heutigen Zeit nicht immer so einfach ist. Er macht auch ein bisschen Sport. Ansonsten ist er zwei Meter groß und harmlos.

künstlerisches programm für schulen in europa

Was ist MUS-E®?

MUS-E® ist ein künstlerisches Programm für Schulen, das europaweit konzipiert ist.
1992 wurde es von Lord Yehudi Menuhin und Werner Schmitt in der Schweiz ins Leben gerufen. Derzeit gibt es MUS-E® in 14 Ländern Europas, in Brasilien und Israel.
Auf internationaler Ebene koordiniert und fördert die International Yehudi Menuhin Foundation Brüssel das Programm.
In Deutschland wird es seit 1999 von der Yehudi Menuhin Stiftung Deutschland durchgeführt.

Angeleitet von professionellen Künstlern musizieren, tanzen, inszenieren und gestalten Kinder regelmäßig einmal pro Woche in ihren Klassen. Dies geschieht unter Beteiligung der Lehrer im Rahmen des regulären Unterrichts.

Yehudi Menuhin Stiftung Deutschland
Benzenbergstraße 2
40219 Düsseldorf
(0211) 8 620 530
info@ymsd.de
www.ymsd.de

Ziel von MUS-E® ist es, die Persönlichkeit eines jeden Kindes zu entfalten, seine Kreativität und künstlerische Ausdrucksfähigkeit zu fördern. Darüber hinaus soll durch die Arbeit im Klassenverband die soziale Kompetenz der Kinder gestärkt werden. Dabei will MUS-E® insbesondere Kindern in sozial benachteiligten Stadtteilen einen Zugang zur Kunst eröffnen und Vielfalt als Bereicherung einer Gemeinschaft erfahrbar machen. MUS-E® bezieht Künstler und Lehrer ausdrücklich in diesen Prozess mit ein und leistet damit einen Beitrag zur Entwicklung von Schule.
Das Programm läuft in der Regel über drei Jahre, um eine hohe Nachhaltigkeit zu garantieren.

Das MUS-E® Programm existiert in Nordrhein-Westfalen, Bremen, Hamburg, Brandenburg, Sachsen-Anhalt, Sachsen, Hessen, Baden-Württemberg, Rheinland-Pfalz, dem Saarland und Bayern. Die Mittel zur Durchführung des MUS-E® Programms akquiriert die Yehudi Menuhin Stiftung Deutschland in Public Private Partnership. Hauptförderer sind Landesministerien bzw. Senate, Stiftungen, wie die PwC Stiftung Jugend Bildung Kultur, Bürgerstiftungen, wie die Bürgerstiftung München, als private Hauptförderer die RWE AG und die Beiersdorf AG sowie jeweils lokal Kommunen, Organisationen, Unternehmen und Privatpersonen.
Insgesamt arbeiten im Rahmen des Programms über 250 Künstler mit ca. 18.000 Kindern und Jugendlichen und ihren 700 Lehrern (Stand 05.2009).

MUS-E wird ermöglicht durch

Ministerium für Städtebau und Wohnen, Kultur und Sport des Landes Nordrhein-Westfalen

NRW.

Die MUS-E® Edition: MUS-E® Stunden für alle.

Einleitung und Hinweise zur Arbeit mit dem Buch

Die MUS-E® Edition – Künstler für Kinder

Die MUS-E® Edition ist aus der unmittelbaren Arbeit der Künstler* mit den Kindern entstanden. Was über 18.000 Kinder und ihre Lehrer allwöchentlich in ihren MUS-E® Stunden als Bestandteil des regulären Unterrichts erfahren, kann so leider nicht abgebildet werden: Hinter der Arbeit der Künstler steht in der Regel ein Konzept, das an den unmittelbaren Bedürfnissen der Kinder ansetzt und nachhaltig die individuellen Fähigkeiten zu entwickeln sucht. Uns war es jedoch wichtig, die in der vielfältigen MUS-E® Praxis entstandenen Ideen und Konzepte auch außerhalb des MUS-E® Programms verfügbar zu machen.
Die Edition wendet sich daher an Künstler und Lehrer, die mit Kindern und Jugendlichen im Sinne einer MUS-E® Methodologie künstlerisch in einer der vier Disziplinen arbeiten wollen: Tanz, Theater, Musik und bildende Kunst. Die in sich abgeschlossenen Projekte sind für den Unterricht ebenso geeignet wie für die Nachmittagsgestaltung an Ganztagsschulen und die außerschulische Kinder- und Jugendarbeit.

Warum machen Menschen Kunst?

Aus Spaß, aus Langeweile, mit ernsten Absichten, manchmal einfach nur, um zu provozieren ... Es mag Hunderte von Antworten geben, und doch wohnt jedem künstlerischen Ausdruck, jedem Kunstwerk ein Grund inne, weswegen es erschaffen wurde. Kunst entsteht aus Fragen an die Welt, aus Selbstbeobachtung, aus Experimenten mit Material, Form, Klang, Impuls, aus Neugierde, aus einer Ich-Positionierung heraus.

** Auf Grund der besseren Lesbarkeit verwenden wir hier durchgehend die männliche Form, damit sind aber natürlich auch immer Künstlerinnen, Lehrerinnen, Schülerinnen etc. gemeint.*

Im MUS-E® Programm nutzen wir diese hoch motivierenden Aspekte in der Arbeit der Künstler explizit, um die Potenziale von Kindern und Lehrern durch die spezifischen Möglichkeiten von Kunst zu entfalten: Jeder künstlerische Ausdruck ist auch ein Stück Selbsterfahrung und Persönlichkeitsentwicklung. Kunst eröffnet Kommunikation jenseits der Sprache. Dieser Ansatz ist auch in der MUS-E® Edition von besonderer Bedeutung. Notwendigerweise spiegeln die einzelnen Übungen und Anleitungen die Sicht und das Vorgehen der Künstler wider. Sie können ihnen folgen und das Buch wie eine „Gebrauchsanleitung" lesen und nutzen. Dabei ist es unvermeidbar, dass Sie Ihre Sicht, Ihre Bedingungen, Ihre eigenen Möglichkeiten einfließen lassen und die Aufgaben den Bedürfnissen der Gruppe anpassen. Aus den Vorgaben des Buches, Ihren Einflüssen und der Kreativität der Kinder entstehen wieder neue, unverwechselbare Werke.

Ich kann mich verwandeln

Kinder lieben es, Rollen zu übernehmen und von einer Identität in eine andere zu schlüpfen. Das Spiel mit unterschiedlichen Rollen ist natürlicher Bestandteil der Entwicklung ihrer Persönlichkeit: Wer könnte ich sein, wenn ich nicht ich wäre? Möchte ich lieber jemand anders sein, andere Fähigkeiten haben, anders leben? Oder bleibe ich doch lieber so, wie ich bin? Was traue ich mich, zu tun, wenn ich hinter einer Maske versteckt bin?
Oft hilft eine Maske dabei, Dinge anders zu sehen – und anders gesehen zu werden. Die Auseinandersetzung mit dem eigenen Gesicht, mit ihrem Aussehen, ihrem Namen, ihren Empfindungen ist für Kinder, die ihren Platz in der Welt erobern wollen, von höchster Bedeutung.

Dieses Buch, aus vielen MUS-E® Stunden und künstlerischen Projekten entstanden, soll es ermöglichen, ausgehend von alltäglichen Entdeckungen und Spielen mit unterschiedlichen Rollen, die Fantasie der Kinder zu beflügeln, sodass sie einen neuen Blick auf scheinbar

Vertrautes werfen können – und so erste Kunsterfahrungen ermöglichen.

Zur Arbeit mit dem Buch

Nehmen Sie dieses Buch als Inspiration, als Quelle für eigene Ideen. Lassen Sie sich dabei von den Kindern, ihren Ideen und ihrer Fantasie leiten. Nehmen Sie dieses Buch zum Anlass, mit unterschiedlichen Blickwinkeln und Materialien zu experimentieren und gemeinsam mit den Kindern eigene, neue Gestaltungsmöglichkeiten zu finden. Die Projekte sind weder vollständig „kopierbar", noch lassen sich bestimmte Ergebnisse mit Sicherheit vorhersagen. Begeben Sie sich einfach gemeinsam mit den Kindern auf ein künstlerisches Abenteuer, und genießen Sie dabei Ihren Freiraum.

Nutzen Sie auch die entstandenen Werke zum Weiterarbeiten: Die Kinder können hinter ihren Masken in Rollen schlüpfen und als unterschiedliche Figuren reden und handeln. Mit den entstandenen Stabfiguren und Handpuppen lassen sich kleine Stücke ausdenken. Auf den Fantasiebühnen können die Kinder ihre erdachten Szenen spielen.

Ein Grundprinzip für die künstlerische Arbeit mit Kindern ist, dass die Werke jedes Einzelnen wertgeschätzt werden – so dürfen Bilder und Gestaltungen von anderen weder ausgelacht noch negativ kritisiert werden.
Wenn die Lehrer auch mitmachen, wächst ebenso das Vertrauen der Kinder in die eigene Arbeit. Nach und nach kann so eine Arbeitsatmosphäre auf Augenhöhe entstehen.

Der Aufbau des Buches

Alle Kapitel sind gleich aufgebaut. Die Ansprache ist in der Einleitung und in den Anleitungen bewusst an die Kinder gerichtet. Zum einen ermöglicht dies, die Projekte gemeinsam mit den Kindern zu entdecken. Wichtig war es dem Künstler auch, eine Haltung zu fördern, welche die Sicht der Kinder einnimmt und ihre Fragen und ihren Weltblick zum Ausgangspunkt nimmt.

Einleitende Gedanken: Gedanken, Vorschläge und Fragen führen in das Thema ein. Dies soll Sie und die Kinder ermutigen, sich auf eine eigene Gedankenreise zu begeben und sich selbst Fragen zu stellen.

Schritt-für-Schritt-Anleitung: Auch die Anleitungen sind an die Kinder gerichtet. Auf diese Weise können Sie den Unterricht ohne weitere Vorarbeit aus dem Buch heraus anleiten. Oft gibt es zur Umsetzung der Projekte wiederum mehrere Möglichkeiten, was die Materialien oder die Herangehensweise betrifft. Hier sollten Sie den Kindern Zeit für Experimente einräumen.
Wenn mit Materialien oder Gerätschaften gearbeitet wird, die heiß, scharfkantig oder anderweitig gefährlich sind, wird darauf mit diesem Zeichen ⚠ verwiesen. Stellen Sie sicher, dass die Kinder den Umgang mit dem fraglichen Werkzeug beherrschen, und leisten Sie ggf. Hilfestellung.

Infoteil: In den gelben Kästen finden Sie Hinweise zu Alter, erforderlicher Zeit und den benötigten Materialien. Zu den Übungen ist nur ein Mindestalter angegeben, da viele sich in entsprechender Umwandlung auch mit Jugendlichen und Erwachsenen durchführen lassen.

Viel Spaß und gutes Gelingen wünschen Ihnen

Armin Kaster
MUS-E® Künstler

Winfried Kneip
Geschäftsführer
Yehudi Menuhin
Stiftung Deutschland

Fantastische Körperteile
Was alles in mir steckt

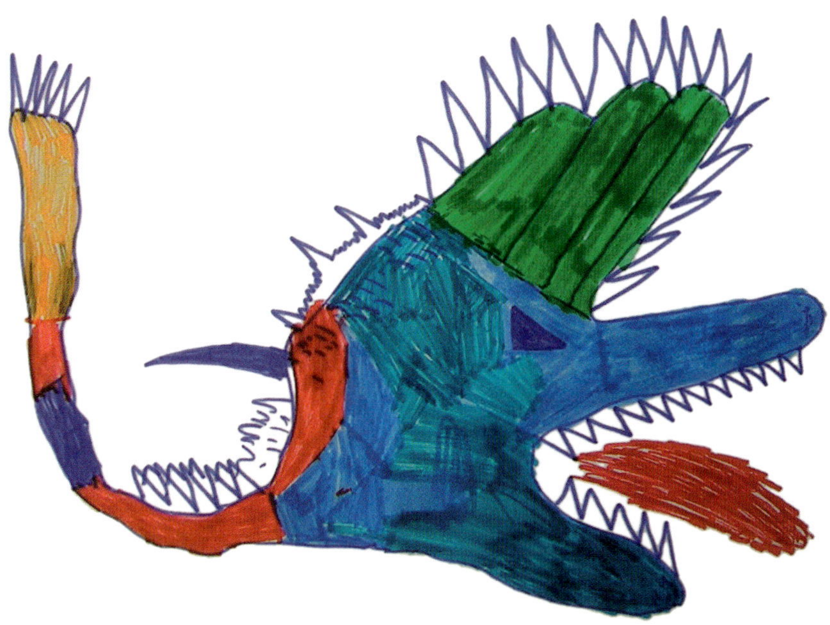

Entdecke die Fantasiegestalten

Stelle dir vor: Fantasiegestalten haben sich in deine Körperteile hineingeschlichen. Sie sind überall – du musst nur genau hinsehen, um sie zu entdecken. Und keine Angst, sie tun keiner Fliege was zu Leide, sie sind eben einfach da – nicht mehr und nicht weniger.

Schritt für Schritt zur gefundenen Gestalt

1:: Umzeichne deine Hand oder deinen Fuß mit einem Stift auf einem Blatt Papier. Was erkennst du? Deinen Fuß oder deine Hand? Und wenn du genauer hinsiehst? Vielleicht einen Hund? Oder einen König? Oder ein dreiäugiges Schwein mit Schlappohren?

2:: Verdeutliche deine Fundsache, indem du der Fantasiegestalt einen stärkeren Umriss zeichnest und sie mit Buntstiften oder Wasserfarbe ausmalst. Wie sieht es denn hinter der Gestalt aus? Wo lebt sie? Was mag sie? Erfinde auch noch ihre Welt.

3:: Du kannst deine Hände und Füße verkrümmen und dann abzeichnen oder mit einem Stift umfahren. Manche Fantasiegestalten sind wahre Meister des Versteckspiels und zeigen sich erst unter extremem Körpereinsatz! Oder zeichne doch auch andere Körperteile auf dein Papier. Dort sind auch einige der verstecken Gestalten zu finden.

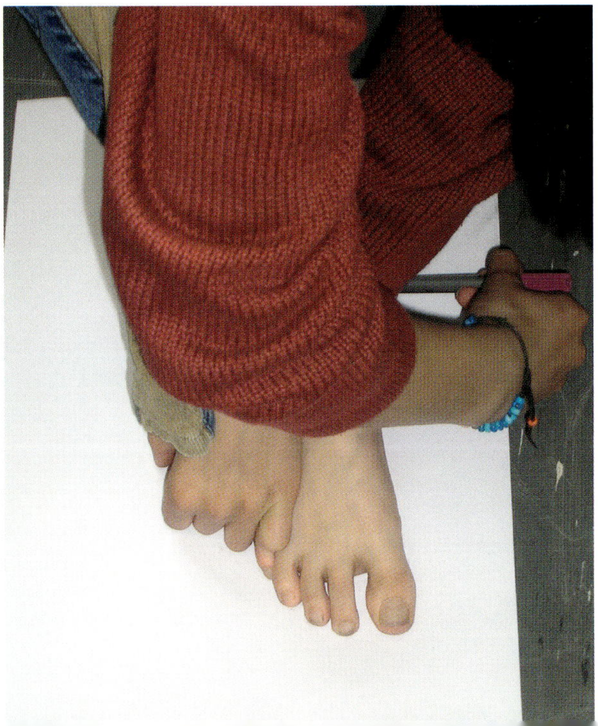

Was versteckt sich hier?
Ein Drachenrücken oder ein Schmetterlingsflügel?

Alter:
ab Kindergarten (5 Jahre)

Dauer:
2 Stunden

Ablauf:
:: Einführung in das Thema
:: Umzeichnen einzelner Körperteile
:: Weitergestaltung der Körperteile
:: Zeichnen und Malen der jeweiligen Umgebung
:: weitere Experimente, ggf. auch gegenseitiges Abzeichnen der Körperteile

Material:
für jedes Kind
:: **Papier**
:: **Filz**- oder **Buntstifte**
:: **Wasserfarbe** und **Borstenpinsel**

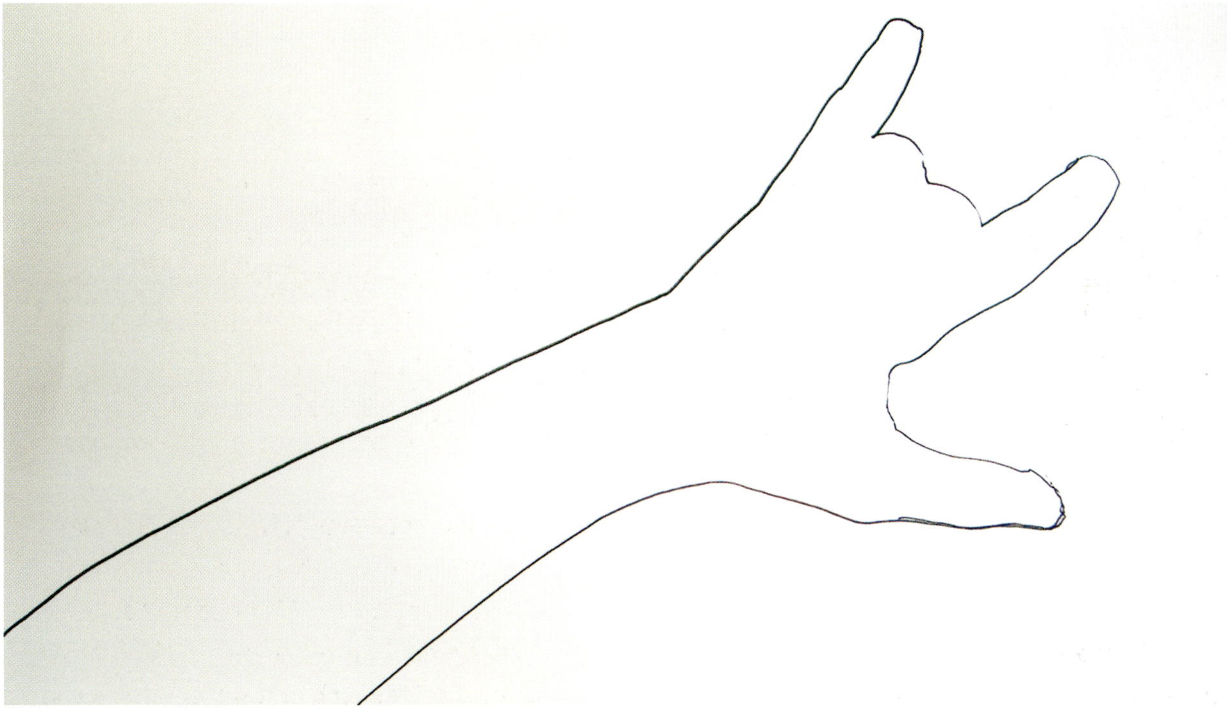

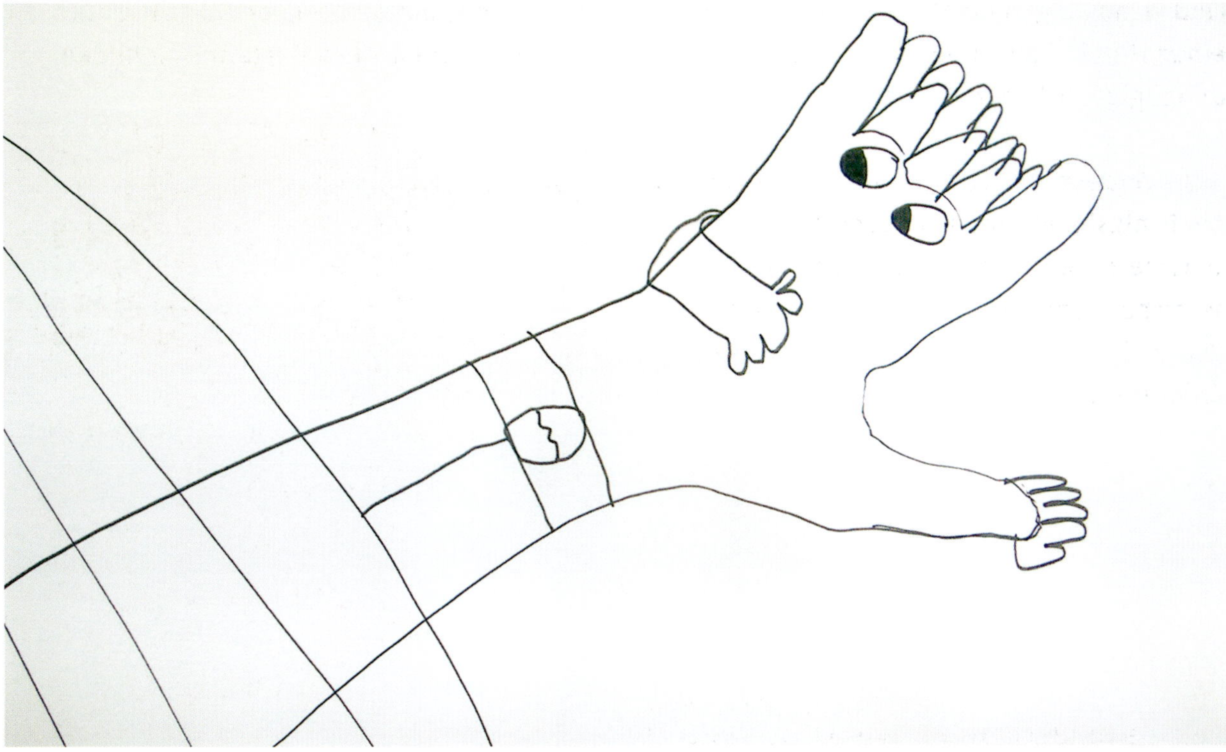

Lebensgroße Figuren
Ich selbst aus Pappe

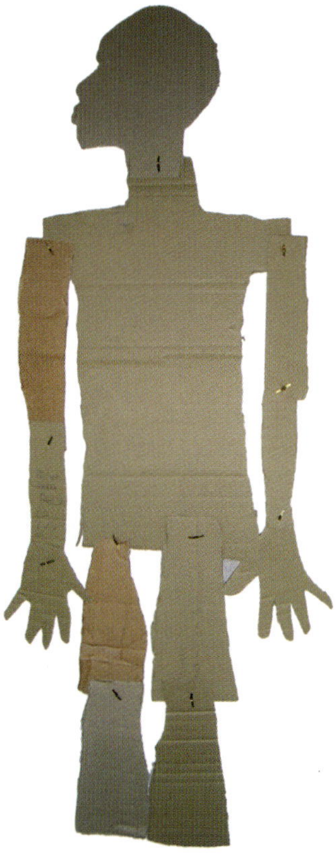

Verwandlungs-Gedanken

Kennst du dich eigentlich als Figur? Ich meine jetzt nicht dein Spiegelbild, sondern eine richtige Figur, ähnlich einer Schaufensterpuppe. Wer sich je selbst gesehen hat, kann sich besser vorstellen, wie man auf andere Menschen wirkt. Dabei ist es interessant, zu sehen, auf was an dir die Menschen besonders reagieren. Du kennst das ja vom Karneval oder Fasching, wenn du dich verkleidest und dich in etwas verwandelst, das du gerne einmal sein möchtest. Jetzt kannst du dich auch verwandeln: in eine lebensgroße Figur aus Pappe.

Schritt für Schritt zum Papp-Doppelgänger

1:: Du brauchst jetzt Pappe, eine Schere, Musterklammern, Stifte und Farbe.

2:: Übertrage deine Körperteile einzeln auf Papier, indem du sie jeweils einzeln mit einem Stift umrandest. Dort, wo sie miteinander verbunden sind, schließt du die Form selbstständig mit einem Strich.
Weißt du, aus wie vielen Teilen dein Körper besteht? Jeweils doppelt besitzt du Hände, Füße, Unterschenkel, Oberschenkel, Unterarme und Oberarme; Kopf und Rumpf hast du nur einmal – du zeichnest also 14 Teile auf.
Die einzelnen Teile überträgst du jetzt auf Pappstücke und schneidest diese wieder aus.

3:: Jetzt kannst du dich schon erkennen, wenn du die einzelnen Teile als Figur auf den Boden legst. Damit die Teile nicht durcheinandergeraten, kannst du sie auch auf der Rückseite nummerieren.

4:: Jetzt werden die einzelnen Körperteile miteinander verbunden. Dafür stichst du mit der Schere vorsichtig jeweils kleine Löcher in die Ränder der beiden Körperteile, die du verbinden möchtest. Lege die Teile mit den Löchern übereinander, drücke eine Musterklammer durch, und biege die beiden Enden um. Du siehst, dass sich die Teile wie bei einem Hampelmann bewegen lassen.

5:: Wenn du die einzelnen Teile miteinander verbunden hast, ist dein Körper fertig. Was noch fehlt, ist seine Farbe und die weitere Gestaltung – je nachdem, was du sein möchtest. Überlege also, was du aus dir machen willst, und bemale die Pappfigur dann entsprechend. Aus weiteren Pappresten kannst du dir auch Erweiterungen deines Körpers, wie Flügel, Hörner, Spezialschuhe oder andere Haare, gestalten, ankleben und bemalen.

TIPPS:

Beim Kopf und dem Oberkörper brauchen die Kinder Hilfe beim Abzeichnen. Dazu können sie sich dann in Paaren finden.
Um später Irritationen beim Zusammenfügen der einzelnen Körperteile zu verhindern, schreiben die Kinder ihre Namen auf die jeweiligen Körperteile. Sie können sie auch nummerieren. Auch ist es sinnvoll, die Körperteile noch einmal einzeln zu beschreiben (Oberschenkel, Oberarm etc.), damit die Kinder später die Figuren nicht falsch zusammensetzen.

Alter:
ab Kindergarten (5 Jahre)

Dauer:
ca. 4 Stunden

Ablauf:
1. Doppelstunde
:: Einführung in das Thema
:: Übertragung der einzelnen Körperteile auf Papier und Beschriften der einzelnen Teile
:: Übertragen der Papierschablonen auf Pappe, Beschriften und Ausschneiden

2. Doppelstunde
:: Restarbeiten der 1. Doppelstunde
:: Zusammenfügen der einzelnen Körperteile mit Musterklammern
:: farbliche Gestaltung der Figuren
:: Weitergestaltung der Figuren

Material:
für jedes Kind
:: **Papier** und **Pappe** in unterschiedlichen Größen, für den Rumpf DIN-A1-Papier
:: **Schere**
:: **Musterklammern**
:: **Wasser**-, **Acryl**- oder **Abtönfarbe** und **Borstenpinsel**
:: weitere **Materialien** nach Wunsch

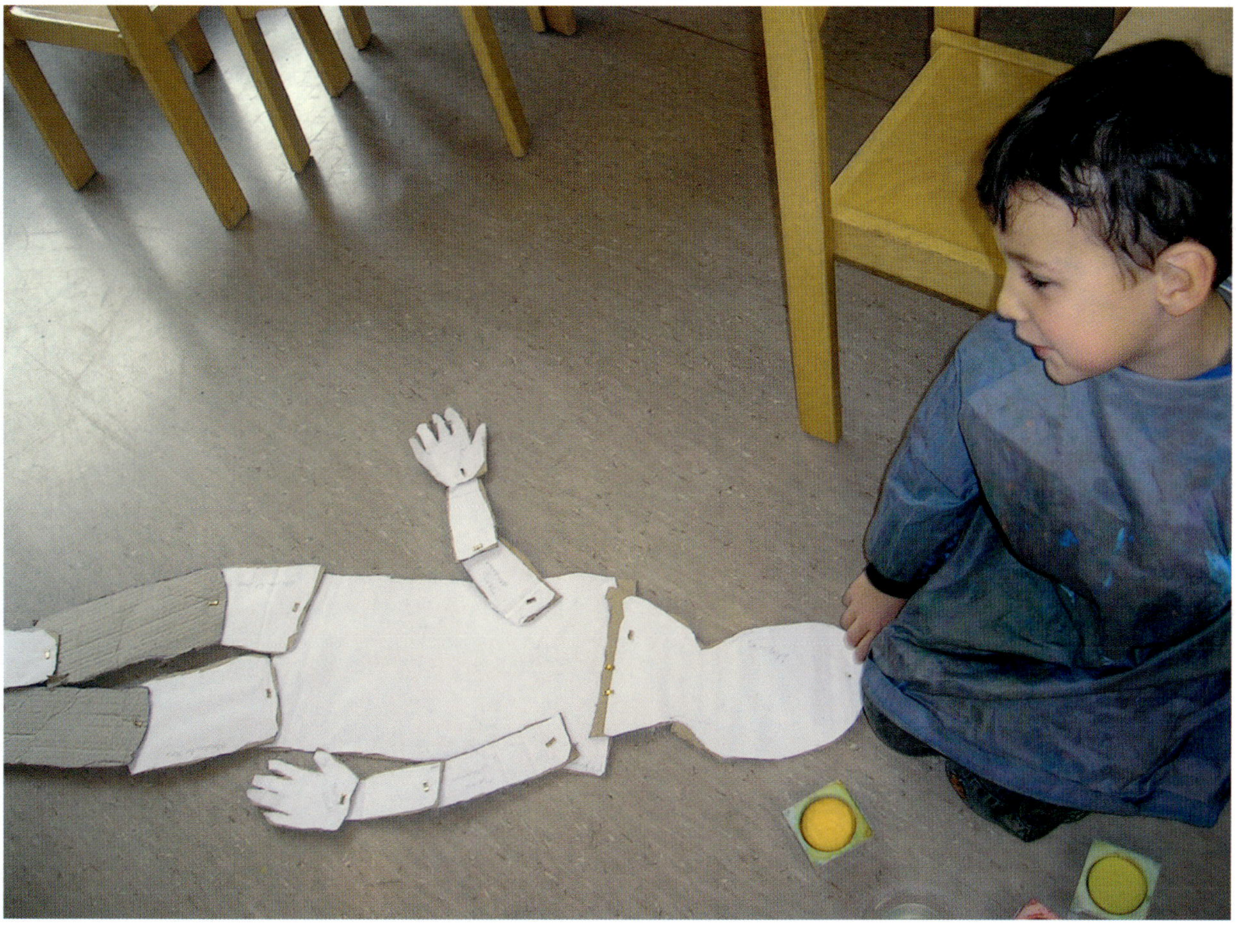

Fototräume

Ich wünsche mich als ...

Wunsch-Gedanken

Du darfst sein, wer du sein möchtest. Wer willst du sein? Was willst du sein? Gibt es überhaupt etwas, das du gerne sein möchtest? Traust du dich, zu sein, was du schon immer einmal sein wolltest? Oder gefällst du dir so, wie du bist? Magst du deine Haare, oder wünschst du dir eine andere Frisur? Brauchst zu dicke Muskeln, um glücklich zu sein? Wärst du lieber größer oder lieber kleiner? Wie sehen deine Wunschkleider aus?
Wer würdest du sein, wenn du einmal sein könntest, wer oder was du willst?

Schritt für Schritt zum Wunschbild

1:: Als Erstes brauchst du ein Foto von deinem Gesicht. Lasse es mit einem Fotokopierer so vergrößern, dass du auf einem DIN-A3-großen Papier deine ganze Gestalt zeichnen kannst. Weiterhin brauchst du noch Kleber, Stifte und Farben.

2:: Jetzt überlege dir, wer oder was du sein möchtest.
Hast du es herausgefunden? Dann schneide das Bild von deinem Gesicht aus, klebe es auf das Papier, und zeichne oder male dich um das Foto so, wie du dich gern hättest.

3:: Kennst du Steckbriefe? Das sind kurze Erklärungen zu Personen, also darüber, wie sie heißen, wie alt sie sind, wo sie wohnen und welchen Beruf sie haben. Darüber hinaus sagen sie oft auch, was jemand besonders mag oder was er gut kann. Kannst du einen solchen Steckbrief zu deinem Wunschbild anfertigen? Schreibe ihn auf ein Blatt.

Alter:
ab Klasse 2 (7 Jahre)

Dauer:
2 Stunden

Ablauf:
:: zuvor: Fotos von den Kindern kopieren
:: Ausschneiden der Fotos und Aufkleben auf Papier
:: Weitergestaltung der Fotos
:: Anfertigen der Steckbriefe
:: Präsentation der Bilder

Material:
für jedes Kind
:: **Kopie** eines Fotos von seinem Gesicht
:: **Papier**, DIN A3 und DIN A4
:: **Schere**
:: **Kleber**
:: **Buntstifte**
:: **Wasserfarben** und **Borstenpinsel**

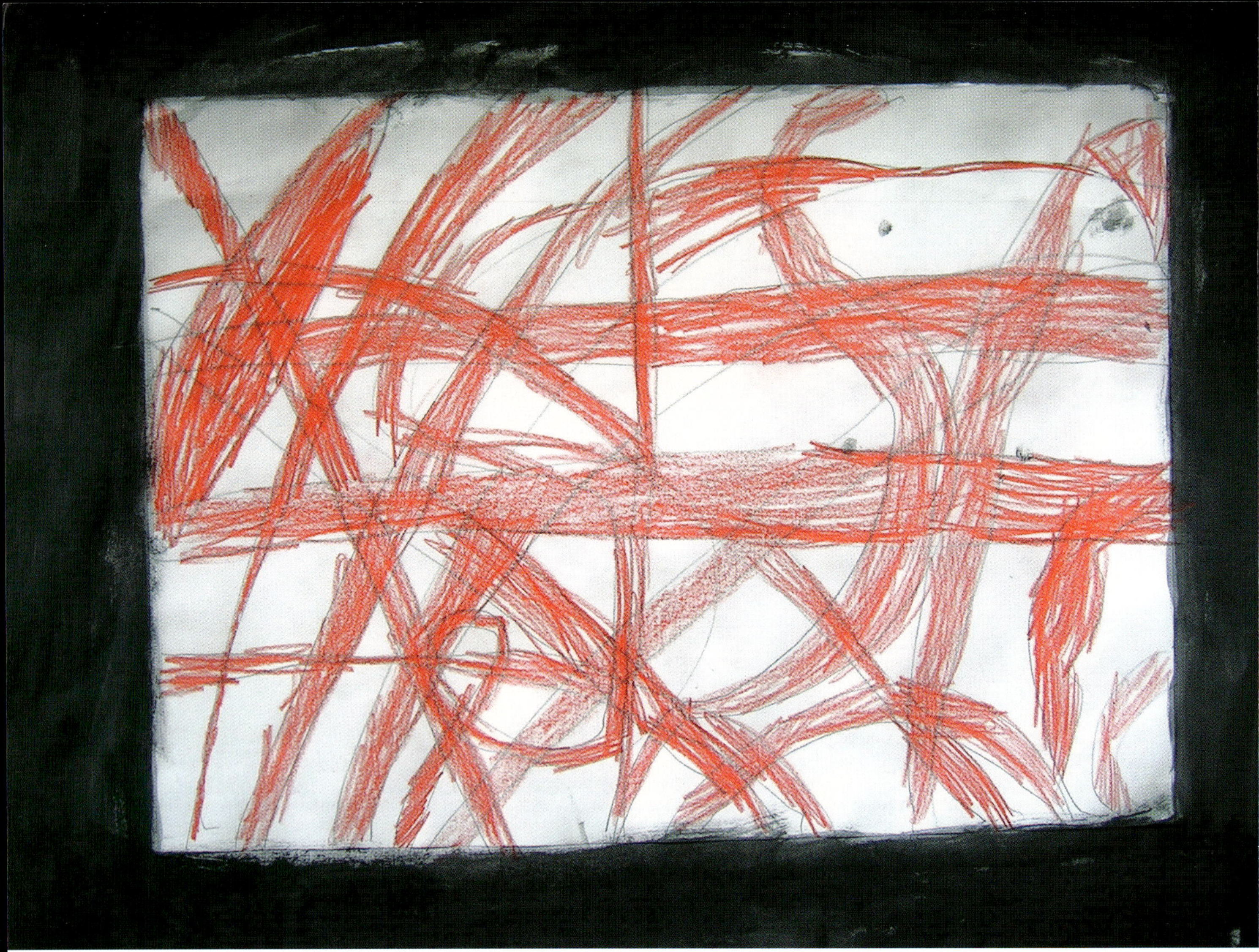

Porträt der Fantasie

Einer seltsamen Kraft auf der Spur

Gedanken zur Fantasie

In der Fantasie ist alles möglich. Zum Malen brauchst du Fantasie.
Aber ist es auch möglich, die Fantasie selbst zu malen? Sicher, mit viel Fantasie ...
Was ist eigentlich Fantasie?
Was ist deine Fantasie?
Wenn du dir vorstellst, wie diese Fantasie aussieht, wie würdest du sie beschreiben?
Wo lebt sie?
Ist sie in dir, oder kommt sie zu dir?
Wohnt sie im Herz, im Hirn oder im Bauch?
Oder noch woanders?
Wie lebt sie dort?
Was braucht sie, um zu leben?

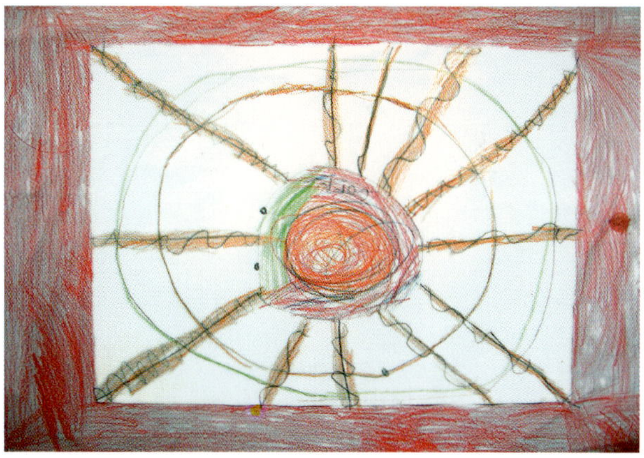

Strich für Strich zum Fantasie-Bild

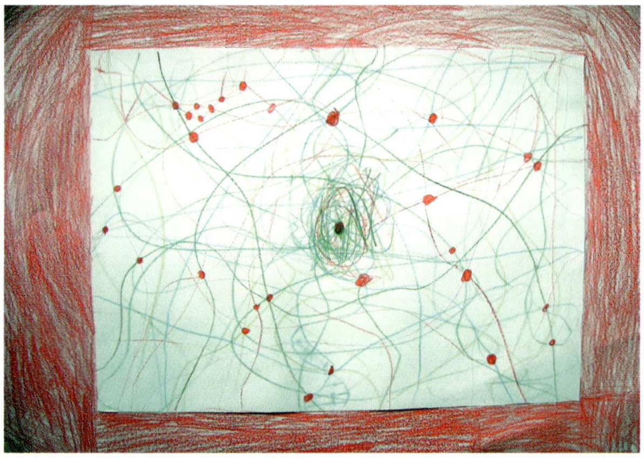

1:: Für das Porträt der Fantasie brauchst du ein Blatt Papier. Male einen etwa 5 cm breiten Rahmen an die Ränder des Blattes.
Überlege dir, was für einen Rahmen deine Fantasie braucht. Was muss um sie herum sein?
Wie muss der Rahmen aussehen?
Hat er Öffnungen, oder ist er geschlossen?
Welche Form hat er nach innen?
Welche Farben braucht der Rahmen, damit in ihm die Fantasie gut leben kann?

2:: Nachdem du den Rahmen gemalt hast, gestaltest du die noch weiße Innenfläche des Blattes mit deiner Vorstellung vom Aussehen der Fantasie.
Hat sie eine Form, oder besteht sie hauptsächlich aus Farbe?
Ist sie rund oder eckig, flach oder faltig?
Ist sie regelmäßig und geordnet oder wild?
Welche Farben braucht das Bild, um deine Fantasie zu zeigen?

TIPPS:

Es ist gut, das Thema sehr ausführlich zu besprechen, weil sich die Kinder meist nicht auf Anhieb vorstellen können, wie ihre Fantasie aussieht. Dabei ist es hilfreich, vom „Hölzchen aufs Stöckchen" zu kommen – das regt die Fantasie an. Der Bilderrahmen ist wichtig, weil die Kinder zum Öffnen ihrer Fantasie meist einen „guten Rahmen" brauchen. Der gemalte Rahmen wirkt auf symbolischer Ebene. Während sich die Kinder einen Rahmen für das folgende Bild ausdenken, entwickeln sie gleichzeitig schon, ohne es sich bewusst zu machen, Gestaltungsideen für die Fantasie-Darstellung.

Alter:
Ab Klasse 1 (6 Jahre)

Dauer:
2–4 Stunden

Ablauf:
:: Einführung in das Thema und Gespräch
:: Ideensammlung
:: Rahmenbild erklären
:: Rahmen malen
:: Innenfläche malen
:: Präsentation, Galerierundgang

Material:
für jedes Kind
:: DIN-A3-**Papier**
:: **Bunt**- oder **Wachsmalstifte**
:: **Wasserfarben** und **Borstenpinsel**

Sehende Hände und malende Ohren

Wie du den inneren Kritiker verscheuchst

Gedanken zum Kritiker in dir

Kennst du das auch? Manchmal möchtest du ein Bild malen oder etwas basteln, aber es gelingt dir nicht.
Das Blatt ist noch leer, und dir fällt nichts ein.
Oder jeder Pinselstrich geht daneben.
Oder die Farben passen nicht zueinander.
Oder die Form ist nicht wie in deiner Vorstellung.
Oder alles zusammen und noch mehr.
Dann hast du es mit dem größten Feind der Fantasie zu tun: Deinem inneren Kritiker!
Diesem Kritiker in dir selbst kannst du es nie recht machen. Eine seiner Lieblingsbeschäftigungen ist das Schauen. Er steht hinter dir und beobachtet jeden Pinselstrich. Aber das ist noch nicht alles. Er schaut mit deinen Augen!
Und während er so schaut, berichtet er dir brühwarm, was er sieht. Dabei kritisiert er das, was du machst: Dieser Strich ist zu lang, jener zu kurz, das Grün ist zu blass, das Blau zu blöd, der Kopf zu klein und die Augen zu groß. Die Liste seiner Meckereien ist unendlich. Ihm fällt immer was Neues ein. Er versucht, dich zu verunsichern. Hast du das auch schon einmal erlebt? Da hilft nur eins: Augen zu und los! Denn wenn der Kritiker nicht mehr durch deine Augen schauen kann, hat er nicht mehr viel zu sagen.

Mit sehenden Händen zur Tonform

1:: Suche dir einen schönen Platz zum Arbeiten. Gleich wirst du dir die Augen verbinden und eine Weile nichts sehen können. Überprüfe bei deiner Platzwahl, ob du dich hier wohl fühlst oder ob dich etwas stört. Richte dir den Platz so ein, dass es dir dort gut geht. Denn wenn du gut drauf bist, ist der Kritiker schon fast verschwunden.

2:: Nimm ein Stück Ton. Du solltest den Ton mühelos in den Händen halten können. Wenn du dich anstrengst, weil der Tonklumpen zu schwer ist, steht der Kritiker sofort neben dir und freut sich, dass das Arbeiten so anstrengend ist.

3:: Dann verbinde deine Augen mit einem Tuch. Vielleicht musst du dich erst einmal an die neue Situation gewöhnen. Was hörst du? Was riechst du? Wie sitzt oder stehst du, ohne etwas zu sehen? Fühlst du dich dabei wohl? Musst du lachen? Oder ist es etwas unheimlich?

4:: Wenn du dich an das Nicht-sehen-Können gewöhnt hast, kannst du den Ton in die Hand nehmen und ihn erkunden. Wie fühlt er sich an? Welche Form hat er? Wie würdest du seine Form beschreiben?
Vermutlich kommen dir immer neue Gedanken in den Kopf, wie der Ton aussehen könnte. Deine Hände werden zu Augen. Sie berichten dir, wie das aussieht, was du berührst.

5:: Jetzt kannst du deine Hände arbeiten lassen. Was sehen deine Hände, und was soll verändert werden? Was geschieht, wenn du den Ton knetest oder rollst oder schlägst oder streichelst oder kratzt oder drückst? Erkennst du mit deinen Hände-Augen, was an dem Ton geändert werden kann? Oder arbeiten deine Hände schon wie von selbst?

6:: Wenn du nach einer Weile genug hast oder wenn du etwas modelliert hast, das du dir einmal anschauen möchtest, warte noch einen Moment, bevor du die Augenbinde wieder abnimmst. Denke daran, dass der Kritiker vielleicht zurückkommt, sobald du wieder siehst. Schaue dir das Geschaffene erst einmal in Ruhe an. Du wirst sehen, je länger du dir die Tonform ansiehst, desto vertrauter wirst du mit ihr und erkennst mit deinen Augen wieder, was deine Hände zuvor „gesehen" haben. Vielleicht kannst du auch etwas erkennen, das es bereits in der Wirklichkeit gibt.

7:: Jetzt ist der Zeitpunkt gekommen, auch einmal mit geöffneten Augen zu formen. Was lässt sich an der Tonform noch gestalten? Wo ist sie noch nicht fertig? Wo ist etwas zu viel, wo fehlt noch etwas?
Und wenn der Kritiker wieder auftaucht: Augen wieder zu und die Hände machen lassen!

8:: Gefällt dir deine Tonform? Du kannst sie noch mit Wasserfarben bemalen und sie dann in der Luft trocknen lassen.

Mit malenden Ohren zum Musikbild

Der Kritiker schaut nicht nur, er spricht auch viel. Unablässig! Er ist eine Plage im Kopf. Dabei helfen seine Meckereien selten, etwas Gutes zu Papier zu bringen.
Warum nicht einfach mal sein Gebrabbel unterbrechen – zum Beispiel mit Musik!

1:: Welche Musik magst du? Zu welcher Musik tanzt du gerne? Kennst du Musikstücke, die ganz unterschiedlich sind? Suche dir eine Musik aus, die du magst. Wenn ihr zu mehreren seid, spielt euch gegenseitig eure Musik vor, und einigt euch auf ein Stück. Wenn ihr etwas Neues ausprobieren möchtet: Lasst euch Musik vorspielen, die ihr noch nicht kennt.

2:: Bevor du dir nun die Musik anhörst, bereite zunächst deinen Platz vor. Decke den Tisch ab, am besten mit einer Plastiktischdecke. Du brauchst ein großes Blatt Papier, das du an den Ecken mit Klebestreifen auf dem Tisch befestigst. Dann nimmst du ein paar Stifte. Am besten sind für diese Übung Wachsmalstifte.

3:: Jetzt kommt wieder der Trick mit den Augen: Verbinde sie mit einem Tuch.
Wie fühlst du dich? Ist dir wohl, oder muss noch etwas anders sein?

4:: Wenn gleich die Musik beginnt, stelle dir doch vor, wie die Stifte in deinen Händen zur Musik tanzen. Ist es ein schnelles oder langsames Stück? Wie sieht eine Bewegung dazu aus? Möchten die Stifte Kreise drehen, Luftsprünge wagen oder Trippelschritte machen?
Oder stellst du dir lieber vor, dass deine Hände vom Wind bewegt werden? Wohin bläst sie ein schneller Sturm? In welche Richtung weht sie ein laues Lüftchen? Und wie ist es bei dem Gedanken, dass dein Schutzengel die Hand

führt? Wohin möchte er deine Hand führen? Welche Kringel, Kreise, Zacken, Linien oder Kästchen malt er mit deiner Hand?

5:: Dann ist die Musik vorbei. Warte noch einen Moment, bevor du die Augenbinde herunternimmst. Was hörst du jetzt? Ist da ein bellender Hund vor der Tür? Fahren Autos unten auf der Straße? Regnet es vor deiner Scheibe? Wie klingt es, wenn du mit der Zunge schnalzt oder wenn du leise sprichst?

6:: Jetzt siehst du das Gemalte. Erkennst du etwas in dem Gekritzel? Vielleicht eine Form oder ein Gesicht? Ist das nicht ein Auto? Da, ein Berg, auf dem eine Ziege mit Pudelmütze steht und singt!

Mit einer anderen Farbe kannst du das Entdeckte deutlicher machen. Verstärke die Linien der gefundenen Formen. Wenn sich nichts findet, drehe das Blatt, und schaue dir das Gekritzel aus einer anderen Richtung an. Irgendwann entdeckst du bestimmt etwas.

7:: Zum Schluss kannst du die gefundenen Formen ausmalen. Dadurch werden sie deutlicher.
Zur Vollendung kannst du den Rest, der nicht mehr zu den Formen gehört, mit einer anderen Farbe übermalen.

TIPPS:

Nicht abschrecken lassen von den Standardsätzen: „Ich weiß nicht, was das ist!" oder „Ist das gut?" Immer nachfragen: „Was siehst du denn?" und „Gefällt es dir?". Wenn die Kinder an diese Technik gewöhnt sind, entdecken sie immer mehr, werden immer geübter darin, Dinge zu erkennen, die auf den ersten Blick nicht sichtbar sind.
Da die Kinder nichts sehen können, ist es wichtig, die Tische gut abzudecken.

Alter:
ab Kindergarten (4–5 Jahre)

Dauer:
2 Stunden (pro Einheit)

Ablauf (Sehende Hände):
:: Vorstellung des Kritikers und Gespräch
:: Vorstellung der Arbeitsweise mit verbundenen Augen
:: Verteilung der Augenbinden und des Tons
:: wenn es leise geworden ist: kreatives Modellieren
:: Bemalen der Tonform

Material:
für jedes Kind
:: **alte Kleidung**
:: **Material** zum Abdecken des Tischs
:: ein etwas mehr als faustgroßes Stück **Ton**
:: **Stoffstreifen**, **Tuch** oder **Schal** als Augenbinde

Ablauf (Malende Ohren):
:: Vorstellung des Kritikers und Gespräch
:: Vorstellung der Arbeitsweise mit verbundenen Augen
:: Vorbereitung des Arbeitsplatzes
:: Verteilung der Augenbinden
:: wenn es leise geworden ist: kreatives Malen zur Musik
:: Formen finden und malend verstärken
:: Übermalen der übrigen Kritzeleien

Material:
für alle Kinder
:: **Musik** und **Abspielgerät**
:: **Material** zum Abdecken der Tische, am besten alte Plastiktischdecken

für jedes Kind
:: DIN-A3-**Papier**
:: **Kreppband**
:: **Wachsmalstifte**
:: **Wasserfarben** und **Borstenpinsel**
:: **Stoffstreifen**, **Tuch** oder **Schal** als Augenbinde

Fotomasken

Mein Gesicht als Maske

Schritt für Schritt zur Begegnung mit sich selbst

1:: Dafür brauchst du ein Foto von dir, zum Beispiel ein Passfoto. Dieses Foto sollte ein Erwachsener mit einem Fotokopierer so vergrößern, dass es deine wirkliche Kopfgröße zeigt.

2:: Dann klebst du das Bild von dir auf eine Pappe und schneidest es aus. Mit einer spitzen Schere schneidest du vorsichtig die Augenöffnungen heraus.

3:: An den Seiten deiner Fotomaske bringst du mit der Schere ebenfalls Löcher an. Ziehe ein Gummiband durch, und knote es fest. Probiere vorher, wie lang das Gummiband sein muss, damit die Maske vor dem Gesicht getragen werden kann.

4:: Braucht die Fotomaske noch Farbe? Dann suche dir Farben aus, mit denen du sie bemalst. Oder wirkt sie besonders, weil sie schwarz-weiß ist? Dann lasse sie, wie sie ist.

5:: Frage doch einen deiner Mitschüler, ob sie oder er die Fotomaske einmal für dich aufsetzt.
Schon seltsam, sich selbst gegenüber zu stehen, oder?

Alter:
ab Kindergarten (5 Jahre)

Dauer:
2 Stunden

Ablauf:
- :: zuvor: Fotos der Kinder auf dem Kopierer vergrößern
- :: Ausschneiden der Fotos und Aufkleben auf ein entsprechend großes Pappstück
- :: Befestigen des Gummibands
- :: Bemalen der Fotos

Material:
für jedes Kind
- :: **Kopie** eines Fotos von seinem Gesicht
- :: DIN-A4-**Pappe**
- :: **Kleber**
- :: **Schere**
- :: **Gummiband**
- :: evtl. **Farben** nach Wunsch der Kinder

Gipsmasken
Mein starres Gesicht

Mit der Maske kannst du in ganz unterschiedliche Rollen schlüpfen.

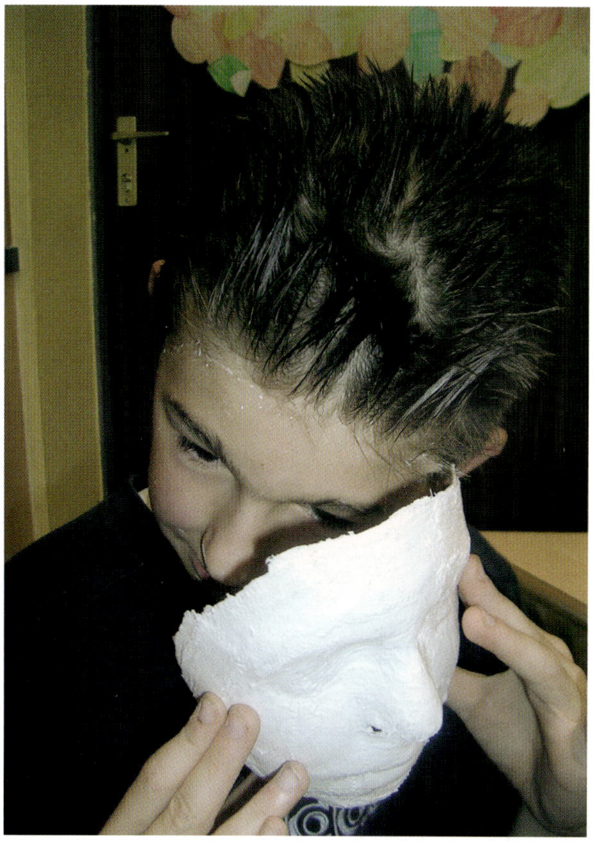

Gedanken zum Gesicht in Gips

Eine andere Möglichkeit, dein eigenes Gesicht von außen zu sehen, ja, dein eigenes Gesicht in den Händen zu halten oder sogar jemand anderem aufzusetzen, bietet dir eine Gipsmaske. Gipsmasken oder auch Wachsmasken benutzte man früher, um genau festzuhalten, wie jemand ausgesehen hat. Fotos gab es damals noch nicht. Die Maske zeigte die Gesichtszüge eines Menschen ganz genau. Solche Masken wurden besonders von berühmten Personen genommen, während sie noch lebten, oder auch, als sie gerade gestorben waren – als letzte Erinnerung.

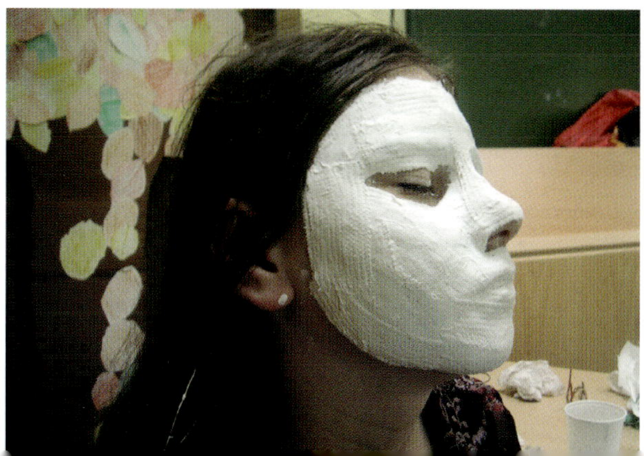

Streifen für Streifen zur Gipsmaske

1:: Beim Herstellen der Gipsmaske brauchst du eine Helferin oder einen Helfer. Ihr könnt dann gegenseitig eure jeweiligen Gipsmasken modellieren.
Als Erstes muss das Gesicht mit einer dicken Schicht Fettcreme (zum Beispiel Vaseline) eingecremt werden. Ganz besonders wichtig sind die Augenbrauen und Wimpern! Über die Augen wird etwas Papier gelegt, zum Beispiel von einem Papiertaschentuch oder einer Serviette. Das schützt die Augen vor dem flüssigen Gips.

2:: Mit einem Handtuch über den Schultern, das die Kleidung vor dem Gips schützt, setzt sich dein Partner auf einen Stuhl. Du schneidest dann fingergroße Stücke von der Gipsrolle, weichst sie in einer Wasserschale kurz ein und legst sie dann auf das Gesicht.
Die Gipsstücke trocknen recht schnell. Du solltest den flüssigen Gips daher direkt nach dem Auflegen der aufgeweichten Gipsstückchen

glattstreichen. Wenn du das ganze Gesicht deines Partners mit den Gipsstückchen belegst, ist es wichtig, dass seine Nasenlöcher frei bleiben, damit er noch atmen kann.

3:: In dieser Weise belegst du das ganze Gesicht deines Partners mit den Gipsstücken. Wichtig ist dabei, dass seine Augen und sein Mund geschlossen bleiben. Manchmal hat man etwas Angst, wenn das eigene Gesicht mit Gips belegt wird. Wenn das so ist, solltest du diese Stellen nicht verschließen.

4:: Insgesamt wird das Gesicht mit 2 Gipsschichten belegt. Danach muss der Gips noch etwa 10 Minuten austrocknen. Während dieser Zeit solltest du neben deinem Partner sitzen bleiben, damit er sich nicht so allein fühlt. Später wirst du selbst merken, wie sehr die Gipsschicht einen von der Welt trennt.

5:: Jetzt kannst du die Gipsmaske herunternehmen. Zum Lösen der Maske genügt es meistens, wenn dein Partner ein paar Grimassen schneidet, also grinst oder sein Gesicht auf andere Weise bewegt. Dadurch löst sich die starre Maske vom Gesicht. Es kann aber auch vorkommen, dass ein paar Stellen besonders fest am Gesicht hängen. Dann kannst du von außen vorsichtig dabei helfen, die Maske vom Gesicht zu ziehen.

6:: Das Herabnehmen der Maske ist meistens sehr befreiend, und man fühlt sich wie neu geboren. Jetzt kann man sein eigenes Gesicht von außen betrachten. Dann tauscht ihr eure Rollen, und du erhältst eine Gipsmaske.

7:: Möchtest du dein Gipsgesicht noch weiter gestalten? Nur zu! Flüssige Farben, aber auch andere Materialien (Blätter, Federn, Perlen, Muscheln) können dein Gesicht zu etwas Neuem verändern. Vielleicht möchtest du dich einfach nur so sehen, wie es dein Abdruck zeigt? Dann lasse alles, wie es ist.

TIPPS:

Manche Kinder mögen es nicht, wenn sie das ganze Gesicht mit Gipsstücken belegt bekommen. Dann frage ich sie, was für sie in Ordnung wäre. Die einen möchten gerne reden können, die anderen mögen es nicht, wenn ihre Augen eingegipst werden, wieder anderen ist es wichtig, durch den Mund zu atmen. Grundregel: Keiner muss!
Am leichtesten ist das Auflegen der Gipsstücke, wenn derjenige liegt. Sinnvoll ist auch ein Handtuch oder alte Kleidung, die verhindern, dass der flüssige Gips die Kleidung verschmutzt. Lange Haare lassen sich mit einem Tuch oder Haarband schützen.

Alter:
ab Klasse 1 (6 Jahre)

Dauer:
4 Stunden

Ablauf:
1. Doppelstunde
:: Einführung in das Thema
:: Bildung von Paaren
:: Auftragen der Vaseline
:: zusätzlich: über die Augen werden kleine Papiertaschentücherstücke gelegt
:: Zuschneiden der Gipsstreifen
:: Gipsstreifen kurz in Wasser tunken und auf das Gesicht in 2 Lagen verteilt legen
:: ca. 10 Minuten trocknen lassen
:: Partnerwechsel

2. Doppelstunde
:: ggf. Partnerwechsel erst hier
:: Bemalen und Weitergestalten der Maske

Material:
für jede Zweiergruppe
:: **Fettcreme**, z.B. Vaseline
:: **Papiertaschentücher**, **Servietten** oder **Wattepads**
:: **Handtücher** und **alte Kleidung**, evtl. auch **Schutz** für die Haare
:: **Gipsrollen**
:: **Schere**
:: **Wasserschalen**
:: **Acrylfarben** (Hauttöne evtl. extra kaufen) und **Borstenpinsel**
:: ggf. weitere **Gestaltungsmaterialien**, wie **Federn**, **Perlen**, **Papiere**

Gefundene Gesichter

In allen Dingen wohnt ein Gesicht

Gedanken zum Geheimnis der Dinge

Ein Wasserhahn ist ein Wasserhahn. Ein Stein ist ein Stein. Und die Welt ist die Welt. Alles ist so, wie es ist!
Oder etwa nicht?
Vielleicht siehst du im Wasserhahn eine Nase mit 2 Augen?
Ist im Stein ein Gesicht?
Ist die Welt mehr als nur die Welt?
Ist nichts, wie es ist?

Die Dinge, die uns umgeben, haben alle Formen. Und viele Formen wiederholen sich in anderen Formen. So kann es kommen, dass uns eine Birne an einen Kopf erinnert oder dass der Wasserhahn aussieht wie ein Gesicht. Wenn du genau hinsiehst, kannst du völlig neue Welten entdecken. Du musst nicht über die 7 Weltmeere segeln, um in das Land Fantasien zu kommen. Beim Gang ins nächste Zimmer können sich schon neue Welten öffnen. Sieht das Küchenfenster nicht aus wie 2 riesige Augen?

Ist das die Toilette? Oder gähnt dich da ein weißes Gesicht mit riesigem Mund an?
Was immer du auch anschaust, etwas schaut zurück!

Fröhlich oder traurig ist eine Frage der Perspektive.

Blick für Blick zu den Fundgesichtern

1:: Für deine Entdeckungsreise ins Land der Gesichter brauchst du nichts weiter als deine Augen, ein paar Blätter und einen Stift. Schaue genau hin. Wie sehen die Dinge und Gegenstände aus? Schaut etwas zurück? Es ist erstaunlich, wie viele Gesichter du in einem Raum entdecken kannst.

2:: Hast du einige Gesichter gefunden? Dann untersuche diese Gesichter-Gegenstände noch etwas genauer.
Was kannst du noch erkennen?
Welche einzelnen Formen sind in den Gesichter-Gegenständen enthalten?
Welche Form haben die Nase, die Augen, der Mund? Kannst du sie so hinlegen, dass Licht und Schatten die Formen besonders deutlich hervortreten lassen?

3:: Fotografiere dein gefundenes Gesicht. Wenn du eine Digitalkamera benutzt, mache ruhig mehrere Fotos an unterschiedlichen Stellen und von unterschiedlichen Blickwinkeln aus.

4:: Zum Schluss kannst du deinen Freunden oder Mitschülern die fertigen Gesichter zeigen. Vielleicht hast du auch die Möglichkeit, sie auszudrucken. Sie können dann raten, wo sich diese Gesichter befinden – im Raum oder auf dem Spielplatz, Pausenhof oder an einem anderen Ort.

5:: Versuche doch einmal, beim Entdecken neuer Welten ganze Figuren oder Gestalten zu finden. Denn eine Wolke ist nicht nur eine Wolke, wie du weißt, und in einem Knochen lässt sich vielmehr erkennen als nur ein Knochen. Überall begegnen uns Gesichter und Gestalten, wir müssen nur lernen, hinzusehen.

6:: Macht doch eine Fotoausstellung mit euren gefundenen Gesichtern.

Alter:
ab Klasse 2 (7 Jahre)

Dauer:
2 Stunden

Ablauf:
:: Einführung in das Thema und Gespräch
:: Ideensammlung
:: gemeinsame Erkundung im Klassenzimmer, Schulgebäude oder draußen
:: eigene Entdeckungsreise (mit Stift und Papier)
:: Präsentation der Ergebnisse

Material:
für jedes Kind
:: **Fotoapparat**
:: **Papier** und **Stifte** nach Wahl

Allerleimasken
Sammelsuriumgesichter

Gedanken zu Charakterköpfen

Ein Gesicht besteht aus den beiden Augen, der Nase, dem Mund, die von der Stirn, den Wangen und dem Kinn eingerahmt werden. Zusammen mit den Ohren, den Haaren und dem Schädel spricht man von einem Kopf. Wenn du dir einmal die Köpfe deiner Mitschüler oder deiner Eltern, Großeltern und Geschwister ansiehst, stellst du fest, dass jeder Kopf anders aussieht. Es sind nur Kleinigkeiten, die uns voneinander unterscheiden. Der eine hat eine breite Nase und kleine Ohren, während der nächste Stoppelhaare und ein langes Kinn besitzt. Die Kopfform bei dir ist vielleicht eher rund, während die Kopfform deiner Tante mehr an ein Ei erinnert.
Die einen haben buschige Augenbrauen und sehen grimmig aus, andere haben vielleicht kleine Augen und wirken so, als ob sie ständig schlafen.
Wie auch immer die Köpfe der Menschen aussehen, sie haben die gleichen Teile, aus denen sie zusammengesetzt sind: Augen, Nase, Mund, Stirn, Wangen, Kinn, Ohren, ein Schädel und (meistens) auch Haare.
Mit diesem Wissen kannst du experimentieren und dir eigene Köpfe bauen.

Schritt für Schritt zum zusammengebauten Gesicht

1:: Mache dich auf die Suche nach Gegenständen, aus denen du einen Kopf zusammenstellen könntest. Was lässt sich aus diesem Legostein machen? Woran erinnern dich die Blätter? Sehen die Blüten nicht aus wie Augen? Was ist mit dem Kaugummipapier, dem Knopf, dem abgebrochenen Stift?

2:: Die gesammelten Gegenstände kannst du jetzt zu einem Kopf zusammenstellen. Vielleicht tauschen die anderen Kinder auch einige Sachen mit dir.
Wenn du aus den Gegenständen einen Kopf gelegt hast, der dir gefällt, kannst du die Dinge auf einer Unterlage (Pappe oder Holzbrett) befestigen.

Du kannst sie mit der Heißklebepistole festkleben, sie nageln oder schrauben. ⚠ Achtung, der Kleber wird sehr heiß, also lasse dir beim Kleben von einem Erwachsenen helfen. Sobald du erst einmal den Anfang gemacht hast, kommen dir beim Arbeiten bestimmt immer neue Ideen.

3:: Manchmal bietet es sich auch an, die Köpfe weiterzugestalten, indem du die Zwischenräume deiner Köpfe bemalst.

4:: Zum Schluss könnt ihr euch eure Allerlei-Masken gegenseitig präsentieren und versuchen, herauszubekommen, um was für ein Wesen es sich bei den einzelnen Masken handelt.
Was auch immer ihr herausfindet, eines ist sicher: Eure Kunstwerke gehören euch.

Variante

Wohnst du in der Nähe eines Parks? Geht ihr mit eurer Gruppe ab und zu in den Wald? Dann kannst du auch dort gut arbeiten. Köpfe lassen sich mit nasser Erde formen. Darauf kannst du dann Blätter, Blüten, Zweige, Gräser oder andere Fundstücke als Gesicht legen.
Mit Steinen kannst du Muster auf den Erdkopf legen.
Oder du suchst dir einen Ort auf dem Pausenhof, an dem du einen Kopf aus verschiedenen Einzelteilen zusammenstellen kannst.
Wenn du genau hinsiehst, entdeckst du bestimmt einen geeigneten Platz und passende Materialien.

TIPPS:

Es ist ratsam, die Einführung in diese Übung schon vorab zu machen, damit die Kinder die Gelegenheit haben, von zu Hause Dinge mitzubringen. In jedem Fall sollten Sie ebenfalls eigene Materialien beisteuern, die Sie ja bereits im Vorfeld sammeln können. Auch eine gemeinsame Suchaktion auf dem Schulhof oder einem Spielplatz bringt die schönsten Dinge zusammen.
Jüngere Kinder können die Gegenstände auch mit Klebestift zusammenkleben. Auch bei älteren Kindern sollten ggf. Erwachsene beim Arbeiten mit der Klebepistole Hilfestellung leisten.

Alter:
ab Kindergarten (4–5 Jahre)

Dauer:
2–4 Stunden

Ablauf:
:: Vor der ersten Stunde werden die Kinder beauftragt, verschiedene kleine Gegenstände mit in die Schule zu bringen. Sicherheitshalber bringen Sie auch welche mit.
:: Einführung in das Thema und Gespräch
:: Ideensammlung
:: Kopfgestaltung
:: ggf. draußen arbeiten (Schulhof, Wald ...)
:: Kopfteile auf einem Brett fixieren
:: Weitergestaltung (Hinzufügen anderer Materialien, Bemalen)

Material:
für alle Kinder
:: **Heißklebepistole**, **Nägel** und **Hammer**, **Schrauben** und **Schraubendreher**
:: wenn draußen gearbeitet wird: **Schaufel** und **Eimer** für die Erde

für jedes Kind
:: verschiedene **Kleingegenstände**
:: Unterlage: **Holzbrett** oder **Pappe**
:: **Acryl**- oder **Wasserfarbe** und **Borstenpinsel**

Krummköpfe
Aus Eins mach Vier
und Vier mach Eins

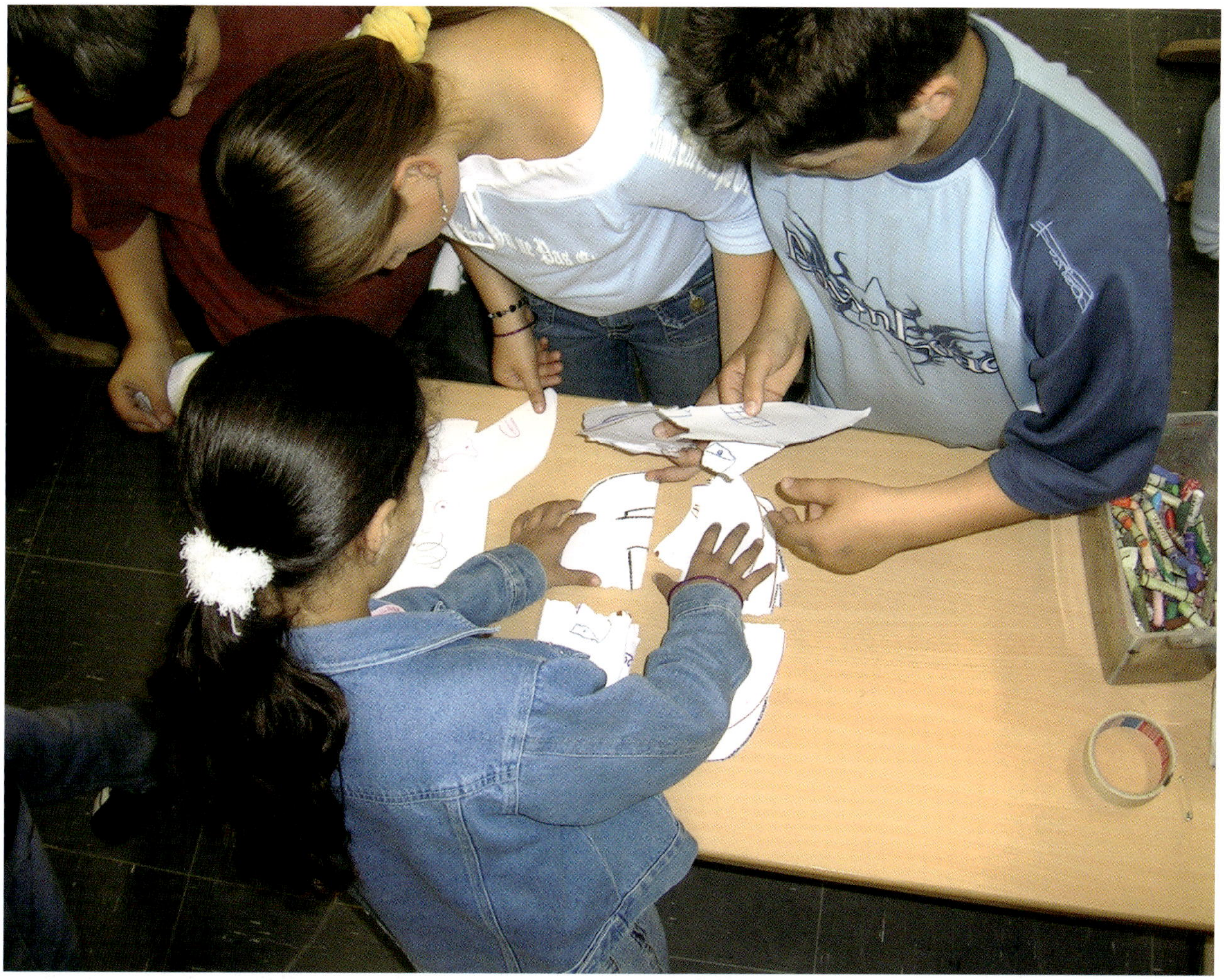

Gedanken zum Verändern von Gesichtern

Seinen Kopf kann man sich nicht aussuchen. Jeder hat sein eigenes Gesicht. Manche verändern sich durch Schminke oder Schmuck, andere genügen sich so, wie sie sind.
Trotzdem gibt es gewisse Ähnlichkeiten in Gesichtern, vor allem in Familien. Die Nase soll dann vom Opa sein, und die Augen sind ganz die Mama. Beim Mund kann sich keiner erklären, woher der kommt, vielleicht ein entfernter Onkel in Takatuka, aber bei der Nase sind sich alle wieder einig: Das ist Tante Trudis tropfende Tröte. Wem auch immer du ähnelst und was in deinem Gesicht auch von wem sein soll: Es ist dein eigenes Gesicht!
Bei dem nun folgenden Kunst-Spiel kannst du – ähnlich wie bei dem Beispiel mit den Verwandten – aus Fremdem und Eigenem etwas ganz Neues gestalten. Was dabei herauskommt, ist ein Kopf, den es so noch nie gegeben hat und den es vermutlich auch nicht wieder geben wird.
Mindestzahl der Mitspielenden ist 4.

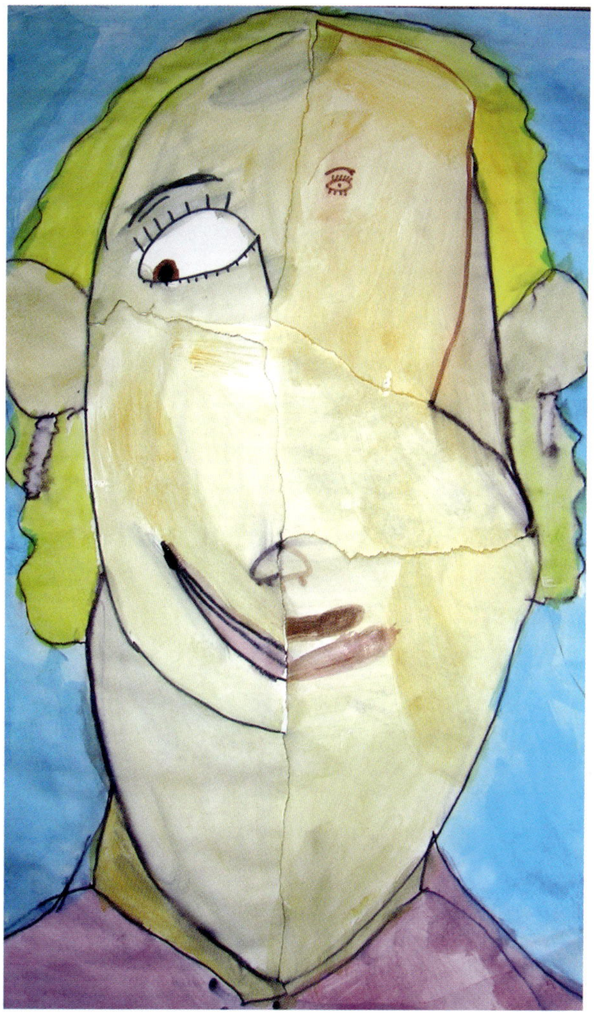

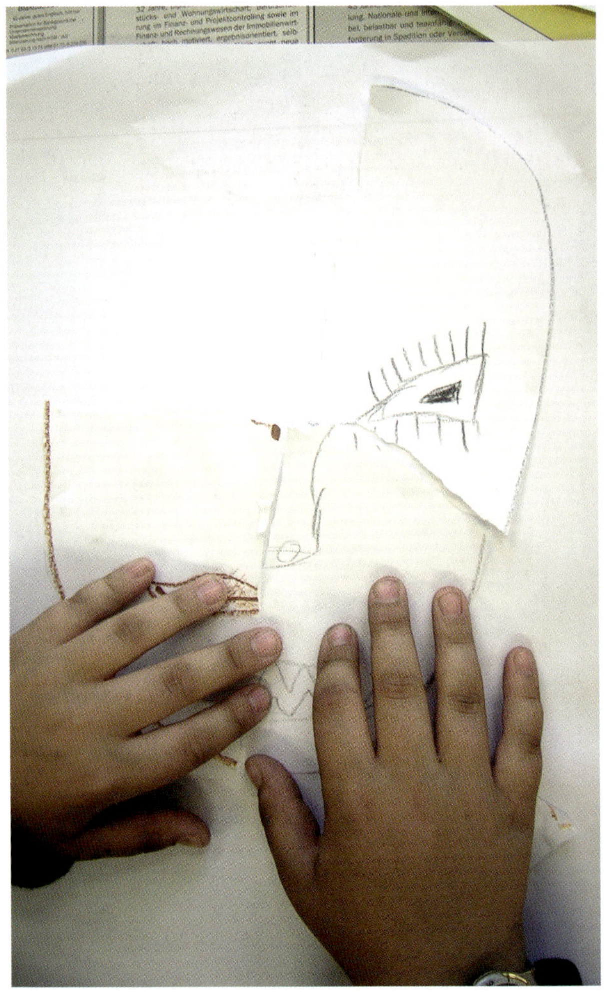

Zug für Zug zum krummen Kopf

1:: Zeichne auf ein DIN-A4-großes Papier mit einem schwarzen Wachsmaler ein einfaches Gesicht, bestehend aus der Kopfform, 2 Augen, einer Nase und einem Mund. Dieses Gesicht sollte einfach sein. Auch Farben braucht das Gesicht noch nicht. Die Kopfform sollte nicht zu klein geraten und das Papier ganz ausfüllen.

2:: Schneide das Gesicht aus. Achte darauf, dass die Linie der Kopfform noch sichtbar bleibt.

3:: Jetzt wird das Gesicht zerrissen! Einmal senkrecht, also mitten durch die Stirn, die Nase und den Mund, und dann waagrecht unter den Augen.
Du erhältst somit 4 Stücke: 2 obere Stücke, bestehend aus jeweils einem Auge, einem Stirn- und Nasenteil, und 2 untere Stücke, bestehend aus jeweils einem Nasen- und Mundteil und einer Wange.

4:: Dann legen alle Mitspieler ihre 4 Stücke auf einen Haufen. Dabei müssen die einzelnen Viertel getrennt bleiben, das heißt, es gibt Stapel mit den linken oberen Vierteln, einen mit den rechten oberen Vierteln und so weiter.

5:: Die Stapel werden jetzt einzeln durchmischt. Anschließend kann sich jeder aus jedem der Stapel ein neues und jeweils anderes Stück herausnehmen.

6:: Als Nächstes bekommst du ein größeres Papier im Format DIN A 3. Lege die 4 unterschiedlichen Kopfviertel wieder zu einem ganzen Kopf zusammen. Berühren sich die einzelnen Linien des Kopfumrisses und der Gesichtsteile? Versuche, die Stücke so zu legen, dass sie mehr oder weniger einen geschlossenen Kopf ergeben. Alles verrutscht? Macht nichts! Dann wird es ein besonders interessanter Krummkopf! Klebe sie dann auf das Papier.

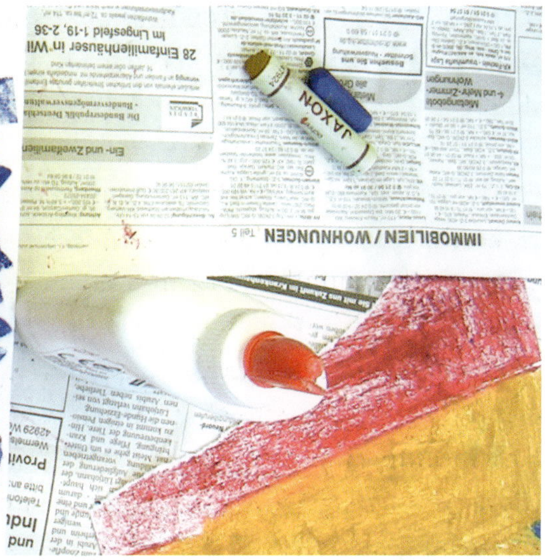

7:: Sind einige Teile des neuen Gesichts noch ohne Verbindung? Schweben die beiden Nasenteile nebeneinander, ist der Mund geteilt? Mit Stiften deiner Wahl oder auch mit Wasserfarbe kannst du jetzt die getrennten Gesichts- und Kopfteile verbinden.

8:: Das sieht doch schon nach einem richtigen Kopf aus, oder?
Was fehlt noch? Braucht der Krummkopf Haare zu seinem Glück? Was ist mit den Ohren? Überlege, welche Zusätze dieser seltsame Kopf noch braucht. Vielleicht einen Hals? Wenn ja, welchen?

9:: Jetzt ist der Krummkopf fertig – allerdings erst fertig gezeichnet. Ihm fehlt noch die Farbe.
Studiere zunächst seinen Gesichtsausdruck.
Wie schaut er?
Tranig, traurig, teigig, treuherzig?
Biestig, blöde, brummig, brav?
Grollig, grübelig, grantig, gut?
Dumm, dreist, drollig, doof?
Schön, schläfrig, schrullig, scheel?
Achtsam, artig, ausgeschlafen, aggressiv?
Wissend, wild, warnend, wüst?
Wie auch immer der Krummkopf aussieht, eine oder mehrere Farben passen bestimmt zu ihm.

10:: Überlege dir zum Schluss noch einen Hintergrund zu deinem Kopf. Genügt es, dass du ihm einen einfarbigen Hintergrund malst? Oder sähe ein geklebtes Papier-Mosaik gut aus? Befindet sich der Kopf in einem Wald oder in der Stadt? Deiner Fantasie sind keine Grenzen gesetzt!

TIPPS:

Diese Übung eignet sich für neue Gruppen besonders gut. Die Kinder lernen spielend, ruhig und aufmerksam zu sein, und sie lernen, dass sich Konzentration lohnt.
Um möglichst krumme Köpfe zu erhalten, sollten immer 4 verschiedene Kopfteile zu einem Kopf gestaltet werden. Meist setzt ein großes Rätselraten ein, wer jetzt wessen Kopfteil bekommen hat.
Auch können Sie zu dem Krummkopf noch schreibend und/oder erzählend weiterarbeiten, indem die Kinder beispielsweise Steckbriefe oder Geschichten zu den Köpfen entwickeln.

Alter:
ab Klasse 1 (6 Jahre)

Dauer:
2 Stunden

Ablauf:
:: Klasse darauf vorbereiten, dass jetzt ein Spiel folgt, bei dem alle genau hinhören müssen
:: Malen des einfachen Gesichts
:: Ausschneiden und Zerreißen des Gesichts
:: Gesichtsviertel entsprechend auf Stapeln sammeln
:: Mischen und 4 neue Teile nehmen/bekommen
:: Zusammenlegen des neuen Kopfs, Aufkleben und Verbinden der einzelnen Stellen mit Stiften oder Wasserfarben
:: Kopf und Hintergrund farbig an- und ausmalen, ggf. Hintergrund mit einem Papiermosaik gestalten

Material:
für jedes Kind
:: **Blätter**: DIN A4 und DIN A3
:: **Wachsmalstifte** und **Buntstifte**
:: **Kleber**
:: **Schere**
:: **Wasserfarbe** und **Borstenpinsel**

Blindgesicht

Fingersensor auf Entdeckungsfahrt

Gedanken zur Selbstbetrachtung

Wer Zeichnen lernt, lernt vor allem, ganz genau hinzusehen: Wie sieht das aus, was ich mit einem Stift auf ein Blatt Papier bringen möchte? Diese Art des Zeichnens macht vielen Menschen Freude, weil es ihnen gelingt, das Gesehene zu Papier zu bringen. Ganz besonders beliebt ist in diesem Zusammenhang das Selbstporträt. Das könnt ihr euch so vorstellen: Ein Maler sitzt vor einem Spiegel und betrachtet sich selbst – und zwar sehr genau. Die Nase, die Augen, den Mund und so weiter. Und während er dies tut, überträgt er das Gesehene auf einen Untergrund.
Doch was geschieht mit jenen, die zwar viel Fantasie besitzen, denen aber das Abzeichnen noch schwerfällt?
Ganz einfach: Augen zu und los!

Zentimeter für Zentimeter zum Blindporträt

1:: Du brauchst ein großes Blatt Papier und einen Wachsmalstift. Am besten deckst du den Tisch mit einer Plastiktischdecke ab. Das Papier klebst du an den 4 Ecken mit Klebestreifen auf den Tisch.

2:: Den Stift hältst du mit der Hand, mit der du normalerweise nicht malst. Denn deine Malhand wird im nächsten Schritt als Fingersensor gebraucht.

3:: Schließe jetzt die Augen. Lege einen Finger deiner Hand auf deine Stirn. Mit der anderen Hand, also der Hand, in der du den Wachsmalstift hältst, berührst du den oberen Teil deines Blattes.

4:: Dann beginnst du, mit deinem Finger dein Gesicht abzutasten. Am besten fährst du erst einmal am äußeren Rand des Gesichts entlang.

Gleichzeitig malst du mit der anderen Hand diese Bewegung auf dem Papier nach. So wird der tastende Finger zu einem Sensor, der dem malenden Finger zeigt, was zu malen ist.

5:: Wenn du im nächsten Schritt deine Augen, die Augenbrauen, die Nase, den Mund, die Ohren usw. berührst, malst du mit der anderen Hand auch diese Bewegungen nach. Aber nicht schummeln und zwischenzeitlich die Augen öffnen! Das Ganze macht am meisten Spaß, wenn du am Schluss das fertige Selbstporträt zum ersten Mal siehst.

6:: So, bist du fertig? Schaue dir das Tastporträt einmal an. Erkennst du dich wieder? Oder ist auf deinem Bild einiges verrutscht? Jetzt kannst du das Porträt mit Wachsmalstiften weitermalen. Vielleicht müssen ein paar Dinge miteinander verbunden werden? Oder hast du auf die Tischdecke gemalt?

7:: Mit Wasserfarbe kannst du deinem Porträt noch den letzten Schliff geben. Vielleicht fällt dir auch noch ein passender Hintergrund ein?

8:: Wenn ihr mehrere Porträts gemalt habt, könnt ihr noch ein kleines Spiel machen: Hängt eure Porträts an die Wand, und klebt daneben auf kleinen Zetteln verschiedene Nummern. Dann schreibt jeder für sich die Nummern auf einem Zettel untereinander. Jetzt kommt der schwierige Teil: Schaue dir die einzelnen Tastporträts genau an, und überlege dir, welcher deiner Mitschüler darauf zu sehen ist. Schreibe den Namen dann auf deinen Zettel neben die Zahl, die auch neben dem Porträt hängt. Mal sehen, ob ihr erraten könnt, wer auf den Bildern zu sehen ist.

TIPPS:

Diese Übung braucht Ruhe, ansonsten verkommt sie zu einer Blödelei. Wichtig ist es, zu erklären, dass die Kinder im Anschluss kein von Zauberhand gemaltes Echt-Porträt erhalten, sondern das genaue Gegenteil! Und das ist gerade das Spannende.

Alter:
ab Klasse 1 (6 Jahre)

Dauer:
2 Stunden

Ablauf:
:: Einführung in das Thema
:: Malen des Blindporträts
:: Ausgestalten des Porträts
:: Ratespiel

Material:
für jedes Kind
:: DIN-A3-**Papier**
:: **Kreppband**
:: **Bunt**-, **Filz**- oder **Wachsmalstifte**
:: **Wasserfarben** und **Borstenpinsel**

Kleinsteinköpfe
Über die Arbeit mit Mosaiken

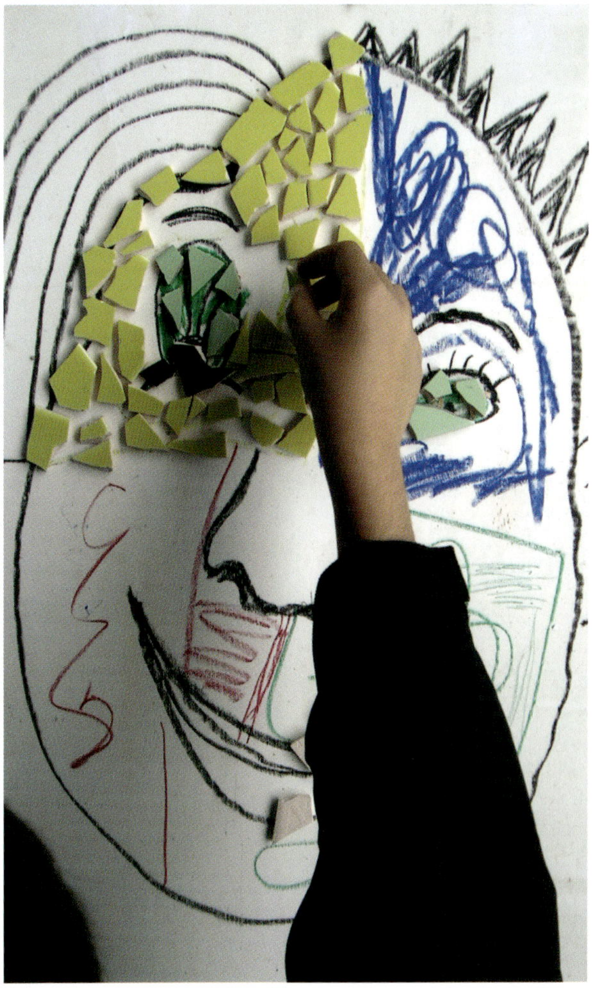

Gestückelte Gedanken

Bilder kann man nicht nur malen, sondern auch legen. Wenn du kleine Steine in unterschiedlichen Farben dicht nebeneinander legst, entsteht daraus ein Muster oder eine Figur. So ein Bild, bei dem ein Ganzes aus verschiedenen Teilen entsteht, nennt man Mosaik.

Ein Mosaik kann man mit einem Puzzle vergleichen, mit dem Unterschied, dass zwischen den einzelnen Mosaikteilchen ein kleiner Abstand bleibt, während die Puzzlesteine ganz eng zusammengelegt werden. Das Besondere am Mosaik ist, dass es zwar aus vielen einzelnen Stücken und Stückchen besteht, dass es aber als ein einziges Bild wahrgenommen wird. Dafür sorgen unser Auge und unser Gehirn, die sich die Einzelteile zu einem Ganzen zusammendenken.

Die Technik des Mosaiklegens gibt es schon seit Hunderten von Jahren. Ich möchte euch hier zeigen, wie man aus selbsterfundenen Köpfen ein Mosaik macht. Natürlich könnt ihr in gleicher Weise auch andere Formen zu Mosaiken legen. Ihr wisst ja: Fantasie kennt keine Grenzen!

Am besten schaust du dir direkt am Anfang an, welche Farben vorhanden sind.

Stein für Stein zum Mosaik

1:: Gestalte zunächst einen Kopf, zum Beispiel so, wie es in dem Kapitel „Krummköpfe" oder „Blindporträts" gezeigt wurde. Natürlich kannst du auch andere Köpfe erfinden.

2:: Dann male den Kopf mit einem dicken Stift (zum Beispiel einem schwarzen Wachsmalstift) auf ein Brett oder eine feste Pappe. Male den Kopf mit Wachsmalstiften auch farbig an. Man soll aber nur erkennen können, welche Farben wo sind. Du brauchst dir beim Malen keine Mühe zu geben.

3:: Als Nächstes brauchst du Fliesen oder kleine Steine in den Farben, die dein Kopf hat. Am leichtesten ist es, wenn du dir zuvor anschaust, in welchen Farben Fliesen oder Steine vorhanden sind. Dann arbeitest du beim Ausmalen des Kopfes nur mit diesen Farben.

4:: Wenn du ein Mosaik aus Fliesen legen willst, musst du diese in kleine Stücke zerschlagen. Am besten wickelst du die einzelnen Fliesen in ein Stück Stoff und zerschlägst sie mit einem kleinen Hammer. Achte darauf, dass die Fliese ganz umwickelt ist, da dir ansonsten einzelne Fliesensplitter in die Augen fliegen können. ⚠ Wenn du nicht sicher bist, wie das geht, lasse es dir einfach von einem Erwachsenen zeigen.

5:: Du bist jetzt im Besitz von vielen kleinen farbigen Fliesenstückchen oder ähnlich großen Steinchen. Damit werden die Farbfelder deines Kopfes gefüllt. Am besten sieht das Mosaik aus, wenn sich die einzelnen Steine oder Fliesenstücke nicht berühren, aber auch nicht allzu weit voneinander entfernt sind.

6:: Überlegt euch gemeinsam einen Platz, an dem eure Mosaiken später angebracht werden. Damit du dein Mosaik als Ganzes dorthin transportieren kannst, hältst du es mit einem kleinen Trick zusammen:
Dafür bestreichst du ein Stück festes Packpapier mit Kleister. Das Packpapier sollte etwas

größer sein als das Mosaik, und die Menge des Kleisters sollte an ein dick bestrichenes Honigbrot erinnern. Dieses Kleister-Packpapier legst du auf das Mosaik, drückst es vorsichtig auf die einzelnen Fliesenstücke und lässt es dann einen Tag und eine Nacht trocknen.

7:: Wenn das Papier getrocknet ist, kleben die einzelnen Steine darunter. Du kannst nun das Mosaik als Ganzes anheben. Das ist deshalb so wichtig, damit du später nicht jeden einzelnen Stein mit dem Fliesenkleber bestreichen musst.
Wenn du das Papier vorsichtig herumdrehst, kannst du das Mosaik von unten sehen.

8:: Wenn du weißt, wohin du das Mosaik kleben willst, solltest du diesen Ort zunächst gründlich fegen. Achte darauf, dass der Untergrund keine Unebenheiten aufweist.

9:: Jetzt brauchst du den Fliesenkleber. Mit einem Spachtel, der vorne gezackt ist, verteilst

du den Fliesenkleber dort, wo das Mosaik später kleben soll. Dann legst du das Mosaik, das noch immer unter dem Packpapier ist, vorsichtig auf diese Stelle und drückst es leicht von oben in den Kleber. Jetzt braucht der Fliesenkleber einen Tag und eine Nacht zum Trocknen.

10:: Am nächsten Tag kannst du das Packpapier entfernen. Reibe es dazu mit einem nassen Schwamm ein. Nach einer Weile löst sich das Packpapier von den kleinen Fliesenstücken, und du kannst es vom Mosaik abziehen. Jetzt ist dein gestalteter Kopf wieder sichtbar – allerdings festgeklebt am Boden oder an einem anderen Ort!

11:: Damit dein Kopf erhalten bleibt und sich die einzelnen Mosaiksteinchen im Laufe der Zeit nicht wieder lösen, solltest du die Zwischenräume zwischen den Steinen noch füllen. Das nennt man verfugen. Dafür gibt es Fugenmörtel, den du mit Wasser zu einem jogurtdicken Brei anrührst und mit einem Schwamm in die Zwischenräume verteilst. Wenn die Mosaike an einer senkrechten Fläche angebracht werden sollen, musst du diesen Brei dicker anrühren. Er wird später so hart, dass er die einzelnen Mosaiksteine fest zusammenhält. Am besten arbeitest du mit Gummihandschuhen. Mit einem anderen nassen Schwamm wischst du den restlichen Fugenbrei gründlich von den Fliesen, damit man dein Kopf-Mosaik-Kunstwerk gut sehen kann.

TIPPS:

Sollen die Mosaike draußen angebracht werden, brauchen Sie flexiblen Fliesenkleber und Fugenmörtel, damit die Mosaike bei Minusgraden nicht aufbrechen. Der Fliesenkleber sollte nach dem Anrühren die Konsistenz von Quark haben, also nicht flüssig sein. Beim Fugenmörtel sieht das wieder anders aus: Der sollte sich wie dünner Jogurt in die schmalen Fugen der Mosaike verteilen lassen.

Der Fliesenkleber kann knapp eine Stunde lang gut verarbeitet werden, während der Fugenmörtel – sobald er verteilt wird – auch relativ schnell trocknet. Wenn der Fugenmörtel aufgebracht wurde, kann man ihn nach ca. 10 Minuten von den Mosaiksteinen wischen.

Sollten sich Fliesenkleber- oder Fugenmörtelreste auf den einzelnen Steinen befinden, sollten Sie diese möglichst schnell entfernen – später ist das dann kaum noch möglich. Den Restschleier auf den Mosaiken entfernt man am besten mit speziell dafür hergestelltem Anti-Schleier-Reiniger.

Am besten kaufen Sie die Materialien in Fliesenfachgeschäften, da man dort meist eine bessere Beratung und auch deutlich günstigere Preise erhält.

Beim Verfugen sollten die Kinder Gummihandschuhe tragen, da der Fugenmörtel sich schwer abwaschen lässt und die Haut stark austrocknet. Auch sollten die Kinder Kittel oder verschmutzbare Kleidung tragen.

***Alter*:**
in Kleingruppen ab Klasse 1 (6 Jahre)

Dauer:
ca. 12 Stunden

Ablauf:

1. Doppelstunde
:: Einführung in das Thema
:: Gestalten der Köpfe

2. Doppelstunde
:: Übertragen der Köpfe auf das Holzbrett
:: Zerschlagen der Fliesen

3. und 4. Doppelstunde
:: Legen des Mosaiks auf das Holzbrett
:: Aufbringen des Kleisterpapiers auf das Mosaik

5. Doppelstunde
:: Vorbereitung des Mosaikuntergrundes
:: Aufbringen des Fliesenklebers
:: Aufbringen des Mosaiks

6. Doppelstunde
:: Ablösen des Packpapiers
:: Verfugen des Mosaiks
:: Reinigen der Fliesen

Material:

für alle Kinder
:: **Fliesen**
:: **Stofftücher**, z.B. alte Geschirrtücher
:: **Hammer**
:: **Kleister**
:: **Kleisterwanne** und **Plastikeimer**
:: **Fliesenkleber**
:: **Fugenmörtel**
:: 2 große **Eimer** (zum Anrühren des Klebers und des Fugenmörtels)
:: einige kleine **Eimer** (zum Abwischen des Fugenmörtels)
:: **Zahnspachtel**
:: einige **Schwämme**
:: evtl. **Schwammbrett**
:: Anti-Schleier-**Reiniger**

für jedes Kind
:: DIN-A3-**Papier**
:: **Wachsmalstifte**
:: **Holzbrett** oder **Pappe** (ca. DIN A3)
:: **Packpapier**
:: **Gummihandschuhe** und alte **Kleidung**

Schrumpfköpfe
Gruselschöne Grässlichkeiten

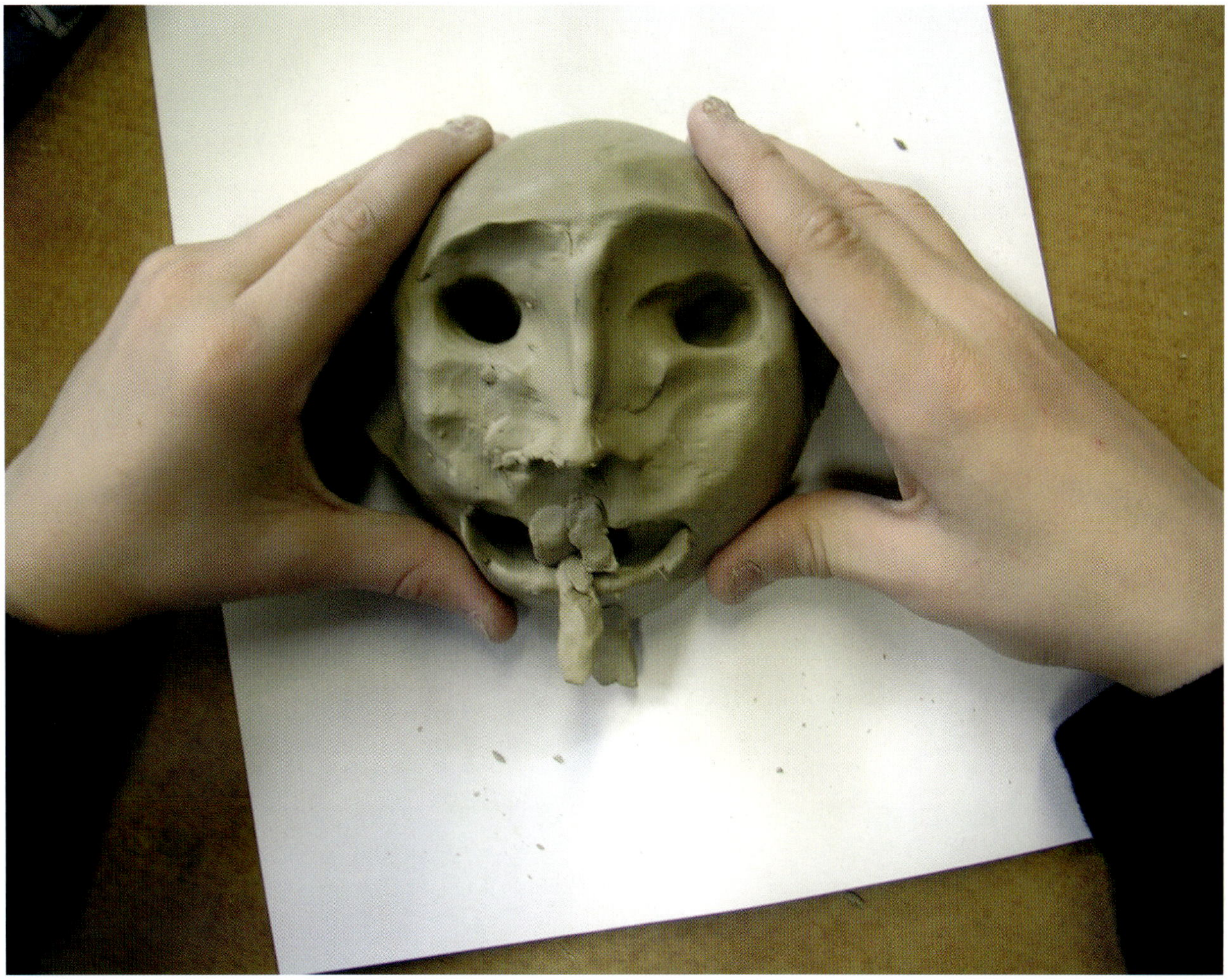

Grauslich-gruselige Gedanken

Wer zu Albträumen neigt, sollte jetzt aufhören, zu lesen, und erst wieder bei der Anleitung weiterlesen. Also, willst du weiterlesen?
Gut, dein Nervenkostüm scheint stark genug zu sein, und du traust dich, etwas über Schrumpfköpfe zu lesen.
Wenn nicht, so kannst du an dieser Stelle noch aussteigen und weiter unten wieder einsteigen.
Nein?
Also gut, du hast es so gewollt.
Dies ist die Geschichte der Schrumpfköpfe, der so genannten „Tsantsa", und sie erzählt davon, was die Jivaro, ein Volk in Peru, mit ihren besiegten Feinden anstellten. Aber nicht nur die Jivaro behandelten ihre Feinde so. Wie sie machten es viele Völker in Südamerika.
Wirklich weiterlesen ...?
Nun, die Jivaro trennten ihren besiegten Gegnern die Köpfe ab und ...
Also, wenn du noch aussteigen willst, dann halte dir einfach die Ohren zu.
... machten Folgendes mit ihnen:
Erst einmal nahm man den Schädel aus den abgetrennten Köpfen. Was übrig blieb, war die Außenhülle, bestehend aus dem Fleisch und der Haut des Kopfes, an dem die Haare noch hingen. Diese Außenhülle füllten die Jivaro dann mit heißen Steinen, die die Köpfe dörrten und räucherten, damit alles Wasser aus ihnen verschwand. Nach einer Weile war der vormals große Kopf dann so klein wie eine Faust.
Meist sahen diese Köpfe aus wie schlecht gelaunte Zwerge mit viel zu langen Haaren.
Abschließend wurden die Schrumpfköpfe dann mit Pflanzensäften behandelt, was sie mumifizierte, also haltbar machte.
Diese Schrumpfköpfe sollten den Feinden der Jivaro zeigen, wie gefährlich sie waren und was sie mit ihren besiegten Gegnern machen würden.

So, und jetzt werden auch wir Schrumpfköpfe herstellen.
Natürlich nicht wie die Jivaro ..., sondern aus Ton.
Aber etwas gruselig darf es schon werden!

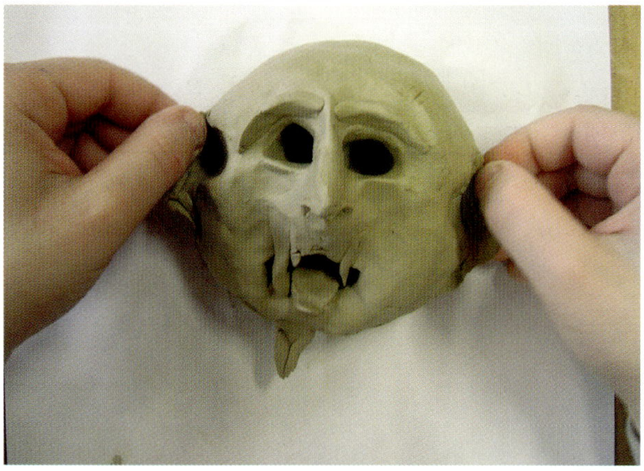

Schritt für Schritt zum Schrumpfkopf

1:: Decke deine Arbeitsfläche ab, am besten mit einer alten Plastiktischdecke. Nimm ein Stück Ton, das du mit den Händen zu einer Kugel knetest. Die Kugel sollte etwa die Größe deiner Faust haben.

2:: Jetzt lässt du die Kugel auf den Tisch fallen. Dadurch wird die Kugel an der Unterseite eingedrückt und bleibt besser liegen.

3:: Mit einem Finger kannst du nun 2 Löcher für die Augen und ein Loch für den Mund in die Kugel drücken. Die Nase modellierst du in die Kugel hinein, indem du den Ton zwischen den 3 Löchern mit den Fingern leicht zusammendrückst. Da, ein Gesicht schaut dich an! Braucht es noch Ohren? Dann ziehe an den Seiten des Kugelgesichts etwas Ton zwischen den Fingern zusammen, und forme die passenden Schrumpfkopfohren.

4:: Schaut der Schrumpfkopf schon schrumpfkopfig gruselig aus? Wenn du den Tonkopf etwas zusammendrückst, verkleinern sich die Augen, und der Mund und das Gesicht wirken etwas grimmiger.

5:: Jetzt kannst du den nassen Ton mit Wasserfarbe bemalen. Am besten wirkt der Schrumpfkopf, wenn du die Augen und den Mund in einer dunklen Farbe und die übrigen Gesichtsflächen mit einer helleren Farbe bemalst.

6:: Mit Wolle, Bast oder Stroh kannst du dem Schrumpfkopf noch eine grauenvolle Frisur mit der Heißklebepistole aufkleben. ⚠ Es macht nichts, wenn der Ton noch feucht ist.

7:: Nach etwa einer Woche ist der Kopf getrocknet. Doch da der Ton nicht gebrannt wurde, solltest du ihn vorsichtig behandeln, da einzelne Teile abbrechen können.

TIPPS:

Luftgetrockneter Ton ist zwar hart, aber noch lange nicht so stabil wie gebrannter Ton. Daher sollten die Kinder auf kleinteilige Anbauten, wie dünn gerollte Tonwürmchen oder kleine Kugeln, verzichten. Die Schrumpfköpfe sollten sozusagen aus einem Guss sein, damit nicht später einzelne Teile abbröckeln. Als Haare eignen sich Naturmaterialien am besten.

Alter:
ab Kindergarten (4–5 Jahre)

Dauer:
2 Stunden

Ablauf:
:: Einführung in das Thema
:: Verteilen des Tons und Modellieren
:: Bemalen und Befestigen der Haare

Material:
für jedes Kind
:: **Abdeckung** für die Arbeitsfläche (z.B. eine Plastiktischdecke)
:: **Töpferton** (ohne Schamott)
:: **Wasserfarben**
:: **Pinsel**
:: **Klebestift** oder **Heißklebepistole**
:: Für die **Haare**: Bast, Wolle, Gräser, Stroh, Ästchen etc.

Masken aus Pappmaschee
Verdecken und Zeigen

Verborgene Gedanken

Bist du schon einmal einer Maskengestalt begegnet? Ich meine, einer richtigen Maskengestalt, bei der man den Menschen, der die Maske trägt, nicht mehr erkennen konnte? Bei der du dich fragtest, ob da überhaupt ein Mensch unter der Maske und dem Kostüm war.
Vielleicht weißt du schon, dass man eine ganze Menge machen kann, wenn man eine Maske trägt – Dinge, die man sich ansonsten vielleicht gar nicht trauen würde. Denn die Maske verdeckt dein Gesicht, und du kannst dich hinter der Maske verstecken. Und eigentlich kannst du machen, was du willst, dich erkennt ja sowieso keiner – na ja, meistens ...
Die wichtigste Funktion einer Maske ist das Verdecken des Gesichts. Denn wenn wir einem Menschen begegnen, dessen Gesicht verdeckt ist, fehlt uns etwas ganz Wichtiges: seine Mimik, also sein Gesichtsausdruck.
Die Mimik ist deshalb so wichtig, weil wir darin erkennen können, wie unser Gegenüber gelaunt ist, ob in dem Gesicht ein Lachen ist oder ob es grimmig aussieht. Wenn dann eine Maske vor dem Gesicht hängt und die Mimik verdeckt, können wir unser Gegenüber nicht mehr genau einschätzen.
Masken werden schon seit vielen Tausend Jahren getragen. Ursprünglich trug man sie bei geheimnisvollen Feiern, zum Beispiel wenn ein Volk oder eine Gemeinschaft gewisse Götter, Geister oder Kräfte anlocken oder beeinflussen wollte. Sehr bekannt sind dabei die Maskentänze der afrikanischen Volksstämme.
Später verlor die Maske ihre Bedeutung bei solchen Festen, weil die Menschen immer weniger an Götter und Geister glaubten. Die Maske wurde dann anders genutzt, vor allem im Theater, wo sie noch heute eingesetzt wird.
Heute ist die Maske am bekanntesten im Karneval oder zu Halloween. Dann hilft sie den Menschen, sich hinter der Maske zu verstecken, damit sie gut getarnt ihr Unwesen treiben können.
Mit dieser Pappmaschee-Maske kannst du dich auch verwandeln und vielleicht etwas ganz Neues ausprobieren.

Schritt für Schritt zum Versteck-Gesicht

1:: Die Masken werden zunächst in ein Stück Ton modelliert. Dazu brauchst du weichen Ton, den du in Stücke zerteilst und zu einer halben Kugel neu zusammensetzt. Diese halbe Kugel sollte etwas größer als dein Kopf sein, damit man später hinter der Maske dein Gesicht nicht mehr erkennt. Die Tonkugel, die auch wie ein halbes Brot aussehen kann, solltest du auf ein Holzbrett legen. Das Brett dient dir als Tablett, damit du die Form umhertragen kannst, ohne dass sie sich verändert.

2:: Jetzt wird in den Ton ein Gesicht modelliert. Dazu gibt es eine tolle Technik, die ich dir ganz besonders ans Herz legen möchte: die des Blindformens.
Das heißt, du verbindest dir deine Augen mit einem Tuch und setzt dich bequem vor deine Tonform. Dann erkundest du mit deinen Händen den Ton, wobei du herausfinden solltest, wo sich die Augen, die Nase und der Mund der Maske befinden könnten. Sobald du eine Idee hast, kannst du beginnen, die Maske zu formen.
Da wo die Augen sein sollen, kannst du einfach in den Ton hineindrücken. Oder du modellierst dir aus einem zusätzlichen Tonklumpen 2 runde Kugeln, die du auf die Maskenform legst. Wie auch immer du die einzelnen Gesichtsteile formst, wichtig ist, dass du sie vor deinem inneren Auge sehen kannst.
Wenn du mit dem Blindformen fertig bist, kannst du die Augenbinde herunternehmen. Überrascht?
Schaue dir die Maske in Ruhe an. Bestimmt sieht sie etwas anders aus, als du sie in deiner Vorstellung gesehen hast. Ihr zwei müsst euch erst kennenlernen und anfreunden. Das braucht Zeit. Am besten machst du eine kurze Pause, bevor du mit dem nächsten Schritt fortfährst.

3:: Betrachte die Maske eine Weile, und versuche, herauszufinden, was an ihr geändert

werden kann – wenn überhaupt etwas geändert werden soll. Manche Stellen sind zuviel, an anderen Stellen fehlt vielleicht etwas. Das Finden und Erstellen der Tonform ist wie ein archäologischer Fund: Zuerst wird das Fundstück von allem Überflüssigen befreit, dann sieht man, ob etwas daran fehlt oder ob der Fund erhalten geblieben ist.

4:: Ist die Maskenform fertig, kommt das Pappmaschee auf die Tonform. Dazu musst du erst die gesamte Tonform mit dünner Haushaltsfolie bekleben. Mit Geduld und einer scharfen Schere schneidest du aus der Folie ungefähr zweifingergroße Stücke heraus. Die Folienstücke legst du wie eine zweite Haut auf die Maske. Am Ende muss die gesamte Maske bedeckt sein.

5:: Geschafft?
Jetzt kommt das Pappmaschee auf die Folie. Dazu bestreichst du dickes Packpapier mit Kleister, reißt es in kleine Stücke und legst es wieder auf die Maskenform. Achte darauf, dass sich die einzelnen Stücke miteinander verbinden. Wenn du die Maskenform komplett mit Papierstückchen beklebt hast, überpinsle das Papier grob mit Farbe, damit du bei der zweiten Papierschicht weißt, wo du schon geklebt hast und wo die zweite Schicht noch hin muss. Die zweite Schicht kann auf die noch nasse erste Schicht geklebt werden.

6:: Jetzt braucht die Maske ihren Schönheitsschlaf. Oder anders gesagt: Der Kleister muss trocknen, und das braucht Zeit – mindestens einen Tag lang. Bei Wind und Sonne vielleicht etwas weniger.

7:: Ist die Maske dann trocken, kannst du sie vom Ton abnehmen. Dabei kommt es oft vor, dass sie sich am Ton festhält und nur schwer abgenommen werden kann. Dann solltest du der Maske eine kleine Massage geben und das trockene Pappmaschee etwas drücken und kneten. Irgendwann löst sich die Maske von dem Ton, und du kannst sie mühelos herunternehmen.

8:: Es folgen die Schönheitsreparaturen. Ist etwas beim Abheben der Maske gerissen? Dann kannst du es mit etwas Kleisterpapier wieder zusammenkleben. Sind die Ränder krumm und schief? Dann schneide sie mit der Schere glatt und gerade. Und mit einer spitzen Schere kannst du die Sehschlitze in die Maske schneiden. ⚠ Prüfe zuvor, in welchem Abstand deine Augen zueinander stehen. Ist dein Augenabstand auch der deiner Maske? Wenn nicht, kannst du die Sehschlitze auch woanders in die Maske schneiden. Wichtig ist dabei, dass sich die Sehschlitze in die Maske einfügen. Das heißt, sie dürfen nicht zu groß sein und sollen möglichst unauffällig aussehen.

9:: Da die Maske nicht für die Wand, sondern zum Maskenspiel gemacht wurde, braucht sie noch eine Halterung, mit der du sie auf dem Kopf tragen kannst. Dafür brauchst du einen etwa zweifingerbreiten Pappstreifen, den du dir eng um den Kopf legst. Nimm ihn dann wieder ab, und klebe ihn zusammen – am besten mit einer Heißklebepistole. ⚠ Einen zweiten Pappstreifen klebst du wie einen Bogen über den zuvor gefertigten Pappring. Dadurch entsteht eine Art Helm, den du dann ins Innere der Maske klebst. Dabei solltest du darauf achten, dass du aus den Sehschlitzen sehen kannst. Diese Konstruktion macht die Maske stabiler, damit sie beim Spielen nicht wackelt und fest am Kopf sitzt.

10:: Jetzt bemalst du die Maske. Dafür solltest zu dir den Ausdruck der Maske ansehen und entscheiden, welche Farbe am besten zu ihr passt. Hast du einen Farbton gefunden, kannst du die Maske mit Wasser- oder Acrylfarbe anmalen. Ihren Ausdruck kannst du noch verstärken, indem du die Stellen, die zurückliegen (Augen und Mund), mit einer dunkleren Farbe anmalst, während du die hervorstehenden Teile (zum Beispiel Nase, Lippen oder Augenbrauen) mit einer helleren Farbe versiehst.

Wenn ihr als Gruppe gemeinsam auftretet, wirken Masken in ähnlichen Farben besonders eindrucksvoll.

11:: Die Maske ist jetzt fertig. Aber es fehlt noch dein Kostüm. Am einfachsten ist es, wenn du ein Stück Stoff nimmst, das den Farbton deiner Maske besitzt. Dieser Stoff sollte fast doppelt so lang sein, wie du groß bist. Das heißt: Wenn du 1,40 m groß bist, brauchst du ein Stück, das ungefähr 2,60 m misst. Diese Stoffbahn faltest du in der Mitte und schneidest oben ein Loch hinein, durch das dein Kopf gerade durchpasst. Das Kostüm kannst du jetzt noch verzieren oder anmalen.

12:: Und damit man auch deinen Hinterkopf nicht sehen kann und du dich nun wirklich zur Maskengestalt verwandeln kannst, braucht die Maske dort noch eine Kopfbedeckung. Klebe dazu von innen ein Tuch, künstliche Haare oder Wolle an den oberen Rand der Maske. Zum Schluss bekommt deine Maske noch eine Schutzschicht aus Sprühlack. ⚠ Beim Aufsprühen sollte ein Erwachsener helfen.

TIPPS:

Üblicherweise wird Ton in 10-kg-Stangen verkauft. Pro Kind können Sie 1/3 der Stange einplanen. Manchmal bleibt noch etwas übrig, das die Kinder nutzen können, wenn sie mehr Ton benötigen. Der Ton lässt sich in einer luftdicht verschlossenen Tüte einige Zeit lagern. Beim Modellieren gebe ich den Kindern bewusst kein Werkzeug, weil sie dazu neigen, kleine Linien, Narben oder winzige Löcher in den Ton zu drücken. Diese filigranen Vertiefungen verlieren sich später, wenn das Pappmaschee aufgeklebt wird, was nicht selten zu Enttäuschungen führt. Auch rate ich davon ab, kleine Teile hinzuzufügen, da diese höchstwahrscheinlich beim Bekleben der Tonform mit Kleisterpapier abbrechen. Wenn die Kinder dennoch darauf bestehen, dann sollten sie diese Teile fest in die übrige Tonform integrieren.

Das Pappmaschee braucht etwa 2–3 Tage, um an der Luft zu trocknen. Schneller geht es mit einem direkt vor die Maske gestellten Heizlüfter: Dann ist sie in wenigen Stunden getrocknet. Wenn die Masken während einer Projektwoche gebaut werden, trocknen sie an der Heizung über Nacht. Wenn sie aber noch feucht sind, können Sie in der Trocknungsphase bereits erste Kostüme schneidern. Durch das abschließende Aufsprühen eines Firnis werden die getrockneten Farben noch einmal farbintensiver, am besten benutzen Sie seidenmatt. Auch schützt Firnis die Farben vor Umwelteinflüssen. Allerdings verwende ich Sprühlack auf Wasserbasis, damit die Kinder beim Tragen der Maske keine chemischen Dämpfe einatmen. Das Aufsprühen sollten Sie ggf. selbst übernehmen; arbeiten Sie im Freien.

Ihr könnt die Masken auch zu einem bestimmten Thema herstellen.

Alter:
ab Klasse 1 (6 Jahre)

Dauer:
ca. 8 Stunden

Ablauf:

1. Doppelstunde
:: Einführung in das Thema „Masken“
:: Erklärung der Arbeitsweise mit Ton
:: Verteilen der Unterlagen und Tonklumpen
:: Modellieren des Tons zu einer halben Kugel
:: Blindformen
:: Ausformen
:: Tonform mit dünner Folie luftdicht abdecken

2. Doppelstunde
:: Packpapier mit Kleister bestreichen und in Stücke reißen, dickeres Papier sollte man etwas einweichen lassen
:: dünne Folie in kleinen Stücken wie eine zweite Haut auf die Tonform kleben
:: Bekleben der mit Folie eingepackten Tonform mit 2 Schichten Kleisterpapier

3. Doppelstunde
:: Abnehmen der getrockneten Pappmaschee-Maske von der Tonform
:: ggf. Reparaturen vornehmen
:: Anbringen der Sehschlitze
:: Bau der Kopfhalterung

4. Doppelstunde
:: Bemalen der Maske
:: Kostüm schneidern
:: Stoff am „Hinterkopf“ der Maske anbringen
:: abschließend: Sprühlack als Firnis auf die Maske sprühen

Material:

für alle Kinder
:: **Draht** (zum Zerschneiden des Tons)
:: **Kleister**
:: **Kleisterwanne** und **Plastikeimer**
:: **Heißklebepistole**
:: als Firnis **Sprühlack** auf Wasserbasis

für jedes Kind
:: **Töpferton** (wenig Schamott), etwa 3 kg pro Kind
:: **Holzbrett** oder ähnliche Unterlagen
:: **Stoffstreifen**, **Tuch** oder **Schal**, um die Augen zu verbinden
:: dünne **Folie**
:: dickes **Papier**, z.B. festes Packpapier
:: **Teppichmesser** oder **Scheren**
:: **Fotokarton** oder **Pappe** (für die Kopfhalterung)
:: **Wasser**- oder **Acrylfarben** und **Borstenpinsel**
:: **Stoffe** für Kostüme

Masken aus Pappe
Bewegte Bilder

Gedanken zum Maskenspiel

Eine Maske, die ein Mensch trägt und die im Maskenspiel bewegt wird, ist wie ein lebendig gewordenes Bild. Das, was zuvor noch Kunstwerk war, ist im Maskenspiel zu einer lebendigen Gestalt geworden. Vielleicht liegt darin der besondere Reiz, den eine Maske auf uns Zuschauer ausübt.
Jetzt möchte ich dir zeigen, wie du aus einem zuerst flachen Bild eine Maske mit einer hervorgehobenen Gesichtsform bauen kannst.

Schritt für Schritt zum Pappgesicht

1:: Wenn du bereits ein Gesicht gemalt hast, kannst du dieses als Vorlage für deine spätere Maske verwenden. Du kannst aber auch ein ganz neues Gesicht malen, eines, dass du später als Maske haben möchtest.
Dann brauchst du ein Stück Pappe, das ungefähr 40 x 40 cm groß ist. Auf diese Pappe zeichnest du das Gesicht mit einem dunklen Wachsmalstift.

2:: Mit einer Schere schneidest du das Gesicht aus der Pappe aus. Die Augen und die Nase kannst du zur Hälfte ausschneiden und nach oben klappen. Wenn du einen geöffneten Mund gezeichnet hast, kannst du ihn auch ausschneiden.

3:: Jetzt baust du die Kopfhalterung, die aus einem etwa zweifingerbreiten Pappstreifen besteht, den du dir eng um den Kopf legst. Nimm ihn dann in genau dieser Form wieder vom Kopf. Nun wird er zu einem Ring

zusammengeklebt – dabei hilft dir am besten ein Erwachsener, weil dies mit einer Heißklebepistole gemacht wird. ⚠ Diesen Pappring klebst du hinter dein Pappgesicht, und zwar so, dass du mühelos durch die Sehschlitze heraussehen kannst. Ein zweiter Pappstreifen, der wie ein Bogen mit Heißkleber an den Pappring geklebt wird und dessen anderes Ende in der Maske befestigt wird, macht die Maske stabiler, damit sie dir beim Spielen nicht auf dem Kopf wackelt.

4:: Das Pappgesicht hat durch den Pappring eine runde Form bekommen, was bereits an einen Kopf oder an eine Maske erinnert. Doch erst durch die Gestaltung von Wangen, Stirn, Mund und Kinn wird aus dem vormaligen Pappgesicht eine richtige Maske. Dazu fütterst du die Stellen, die auf dem Pappgesicht hervorgehoben werden sollen, mit Zeitungspapier aus, das du mit Kreppband auf das Pappgesicht klebst. Die aufgeklappten Augen und Nase kannst du als Stütze für das Zeitungspapier benutzen. Das erleichtert dir das Ankleben.

5:: Nachdem dein Pappgesicht jetzt zu einer Maske geworden ist, kannst du sie mit Kleisterpapier stabiler machen. Dazu nimmst du Zeitungspapier, bestreichst es mit Kleister, reißt es in Stückchen und klebst diese über die ganze Maske – eine Schicht genügt. Das Ganze muss jetzt einige Stunden trocknen.

6:: Jetzt kannst du die Maske bemalen. Welche Farbe braucht sie? Was bringt ihren Ausdruck am besten zur Geltung?
Zum Bemalen verwendest du am besten flüssige Farbe, also Wasser- oder Acrylfarbe. Wenn die Farbe getrocknet ist, bekommt sie noch einen Schutzlack aufgesprüht. Lasse dir dabei von einem Erwachsenen helfen, und arbeite draußen.

TIPPS:

Um das ganzen Gesicht zu verdecken, sollten die Kinder die ganze Fläche des Pappstückes nutzen. Als Variante können sie allerdings auch Halbmasken zeichnen und ausschneiden. Vorteil dieser Masken ist, dass man damit gut sprechen kann. Wenn die Pappstücke aus Wellpappe sind, sollten die Wellen senkrecht verlaufen, da sich die Pappe so leichter in eine halbrunde Form biegen lässt.

Die Hervorhebungen einzelner Gesichtspartien, wie Wangen oder Augenbrauen, mit Zeitung und Kreppband braucht etwas Geduld und – vor allem bei den jüngeren Schülern – etwas ermutigende Hilfe. Da diese Ergänzungen letztlich mit Kleisterpapier überklebt werden, wird die Maske insgesamt stabiler. Je nach Klassen- und Zeitsituation können Sie die Masken auch ohne Hervorhebungen gestalten.

Alter:
ab Klasse 1 (6 Jahre)

Dauer:
4 Stunden

Ablauf:

1. Doppelstunde

- Einführung in das Thema
- Gesichter aufmalen und ausschneiden
- Einschneiden von Öffnungen für die Nase und die Augen
- Kopfhalterung bauen
- Erweiterung des Pappgesichts mit Zeitungspapier, Krepp und Kleisterpapier (hergestellt aus Zeitungen)

2. Doppelstunde

- Bemalen der Maske
- ggf. Herstellen des Kostüms

Material:

für alle Kinder

- **Kleister**
- **Kleisterwanne** und **Plastikeimer**
- als Firnis **Sprühlack** auf Wasserbasis

für jedes Kind

- **Pappstück** (ca. 40 x 40 cm)
- **Wachsmaler**
- **Schere**
- **Fotokarton** oder **Pappe** (für die Kopfhalterung)
- **Wasser**- oder **Acrylfarben** und **Borstenpinsel**
- **Zeitungspapier**
- **Kreppband**
- evtl. **Stoffe** für Kostüme

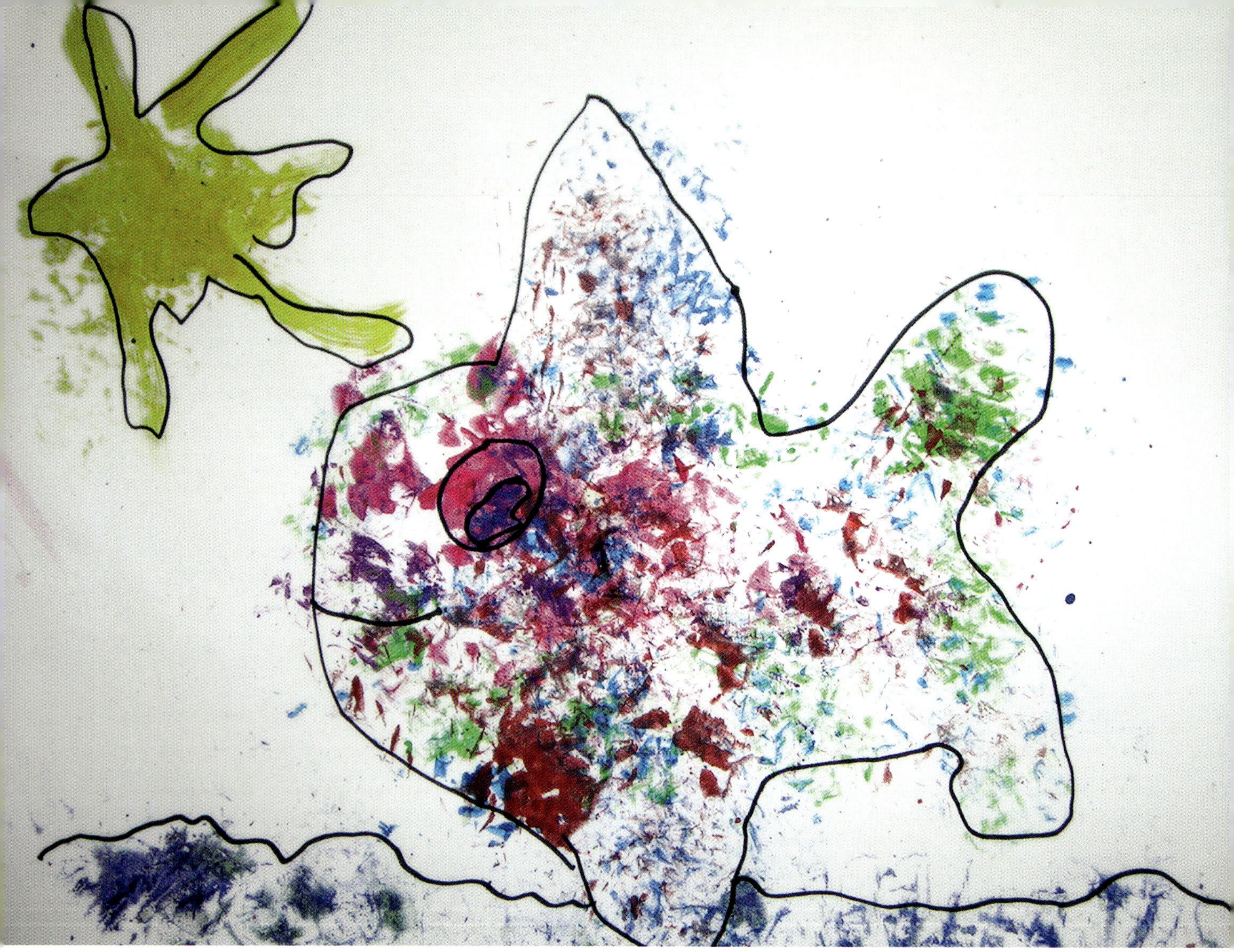

Fantasiegestalten

Sie sind einfach überall!

Fantastische Gedanken

Es gibt Fantasiegestalten, die sind für uns unsichtbar. Sie leben in der Luft, im Verborgenen oder haben vielleicht eine Tarnkappe auf. Manche wagen sich nur im Dunkeln heraus oder sind so schnell, dass sie schon hinter dem nächsten Baum verschwunden sind, wenn du hinsiehst. Einige werden nur alle 7 Jahre bei Vollmond sichtbar oder verstehen es, sich in verschiedener Weise vor unseren Blicken zu verstecken. Doch gibt es für uns eine Möglichkeit, sie sichtbar zu machen, sie aus ihrem Versteck hervorzulocken. Was du zur Besichtigung der Fantasiegestalten brauchst, ist deine Fantasie – und ein Blatt und Stifte.

Strich für Strich zur Fantasiegestalt

1:: Nehmen wir uns als Erstes die Wand vor. Vermutlich haben sich dort mehrere Fantasiegestalten unter der Tapete versteckt. Lege dein Blatt auf die Tapete, und male mit einem Stift oder auch mit einem Borstenpinsel und Wasserfarbe leicht reibend über die Oberfläche. Siehst du, wie ein seltsames Muster auf deinem Blatt entsteht?

2:: Untersuche das Muster nach möglichen Formen und Gestalten. Hast du etwas gefunden? Dann verdeutliche es mit deinem Stift, indem du die Ränder der Fantasiegestalt nachzeichnest.

3:: Damit es noch deutlicher wird, kannst du deine Fundsache noch farbig gestalten.

4:: Versuche es doch mal auf anderen Gegenständen: An einer Baumrinde, auf dem Teppich, unter dem Küchentisch, über einem Handtuch, auf der Heizung, über Mauern, auf dem Gehweg. Die Fantasiegestalten sind überall!

Alter:
ab Kindergarten (5 Jahre)

Dauer:
2 Stunden

Ablauf:
- Einführung in das Thema und Zeigen der Technik des Abreibens
- verschiedene Oberflächen auf Papier abreiben
- Verdeutlichung des Gefundenen durch Konturen
- farbliche Weitergestaltung

Material:
für jedes Kind
- **Papier**
- **Bunt-** oder **Filzstifte**, alternativ **Wachsmalstifte** oder **Wasserfarbe** und **Borstenpinsel**

Buchstäbler und Zahlenzwerge

Das geheime Leben der Zeichen

Gedanken zum Leben der Buchstaben

Fantasiegestalten sind wirklich überall zu finden. Dass sie sich in Dingen und Gegenständen verstecken, weißt du schon.
Aber wusstest du, dass sie sich auch bis in unsere Bücher, Schilder, Karten geschlichen haben, ja in alle Dinge, auf denen Schrift zu sehen ist?

Schritt für Schritt zur Schriftfigur

1:: Schreibe eine Zahl und einen Buchstaben auf ein Blatt. Versuche, diese beiden Zeichen mit dem ahnungslosen Blick des Fantasiegestaltenforschers zu erkunden. Was fällt dir auf? Was siehst du in diesen Zeichen?

Erinnert die Zahl 7 nicht an eine Laterne, unter der der so harmlos scheinende Buchstabe a aussieht wie ein hockender Zwerg?
Oder was ist mit der 8? Nur eine Zahl?
Oder vielleicht ein Schneemann ohne Hut und Besen?

2:: Hast du das Versteck der Fantasiegestalten in den Zahlen und Buchstaben entdeckt? Dann zeichne sie mit einem Stift so deutlich, dass sie jeder erkennt! Mit Farbe verdeutlichst du ihr Aussehen.

3:: Zeigt euch doch gegenseitig eure Ergebnisse. Könnt ihr die ursprünglichen Zeichen noch erkennen?

Alter:
ab Klasse 1 (6 Jahre)

Dauer:
2 Stunden

Ablauf:
:: Einführung in das Thema
:: Buchstaben und Zahlen in verschiedenen Größen aufschreiben
:: Weitergestalten der Buchstaben und Zahlen

Material:
für jedes Kind
:: **Papier**
:: **Bunt-**, **Filz-** oder **Wachsmalstifte**

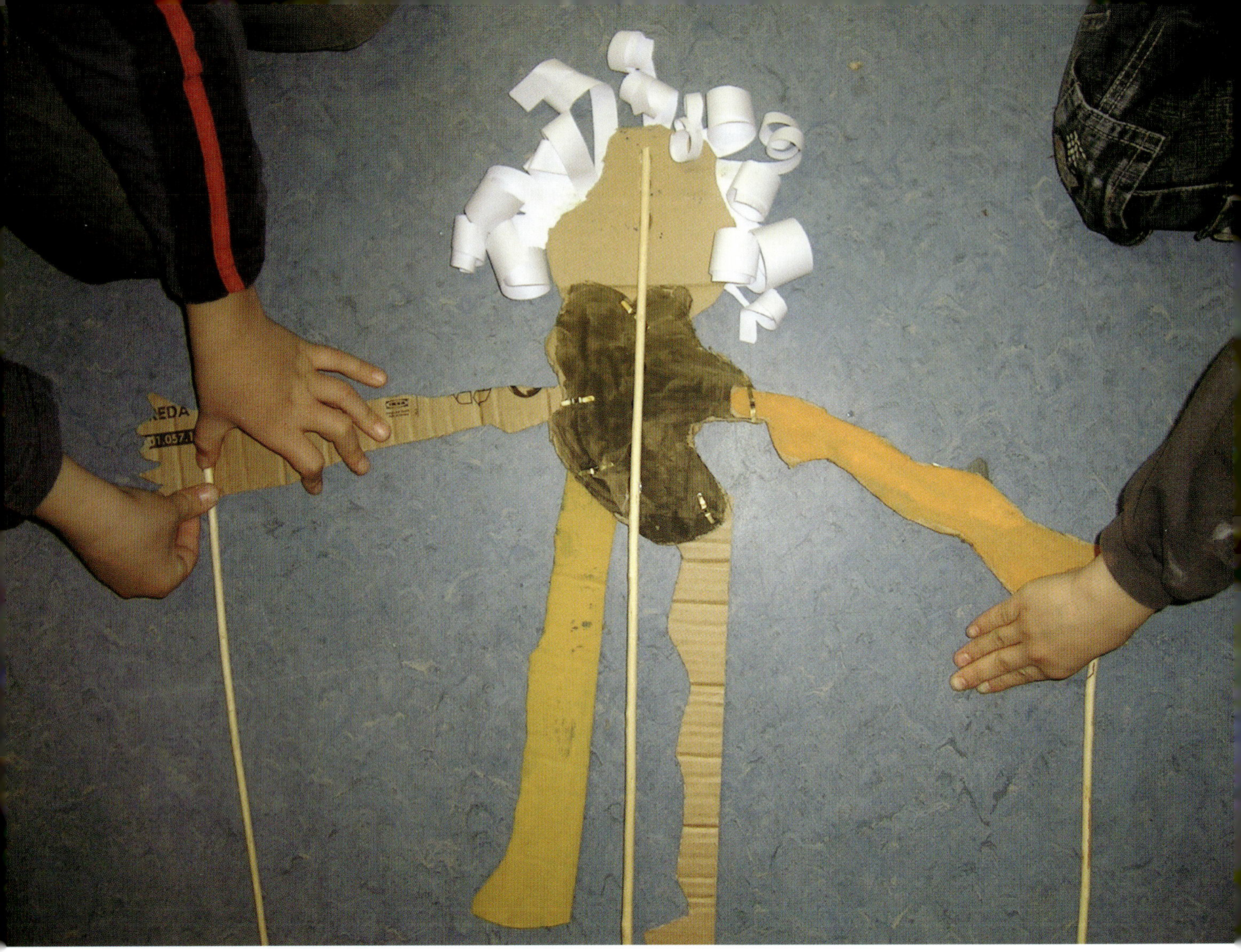

Pappenheimer
Figuren an Stäben

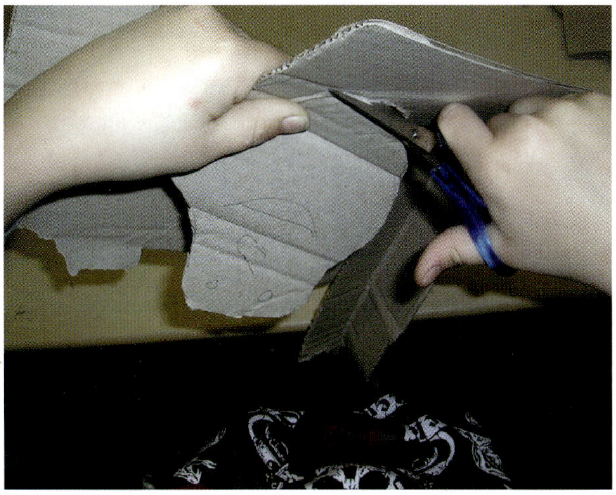

Figürliche Gedanken

Eine Stabfigur ist – wie es der Name schon sagt – eine Figur, die an einem oder mehreren Stäben geführt wird. Diese Stabfiguren können sehr klein sein, sind aber manchmal auch sehr groß, teilweise mehrere Meter hoch. Stabfiguren gibt es in vielen verschiedenen Kulturen und Ländern. Bekannt sind die Figuren des indonesischen Schattentheaters. Aufsehen erregend sind die riesigen Figuren des Bread & Puppet Theaters aus den USA, aber genauso faszinierend ist die Aufführung eines Bunraku-Stabfigurentheaters aus Japan. In Deutschland gibt es auch Puppentheater, die mit Stabfiguren spielen, zum Beispiel in Köln das Hänneschen-Theater.

Oft sind die Puppenspieler bei den Aufführungen zu sehen, was aber meist nicht stört. Vermutlich liegt es an dem beeindruckenden Aussehen der Stabfiguren, dass es den Zuschauern gar nicht auffällt, wenn auch ein Mensch mit auf der Bühne steht.

Eine Stabfigur besteht aus dem Puppenkopf, ein paar Stäben und einigen Materialien, aus denen sich der Körper zusammensetzt. Die einfachste Art, eine Stabfigur zu bauen, ist: der Pappenheimer!

Schritt für Schritt zur Stabfigur

1:: Wie es schon dem Namen zu entnehmen ist, besteht der Pappenheimer aus Pappe. Um ihn zu bauen, brauchst du Pappe, eine Schere, Schnur, Stifte und Wasserfarbe.

2:: Wie soll dein Pappenheimer aussehen? Zeichne auf die Pappe seinen Kopf, und schneide diesen Kopf aus. Dann überlege dir, wie sein Körper aussieht.
Ist er eine menschenähnliche Figur, oder deutet bereits der Kopf auf etwas Außergewöhnliches hin, vielleicht ein fünfäugiges und zweizehig-dreibeiniges Fantasiewesen.
Zeichne die Körperteile deines Pappenheimers einzeln auf die Pappe, und schneide auch diese aus.

3:: Kopf und Körperteile kannst du dann mit Wasserfarbe bemalen. Das machst du am besten, bevor du die Körperteile zusammensetzt.

4:: Jetzt werden die einzelnen Körperteile miteinander mit Musterklammern verbunden. Dafür stichst du mit der Schere kleine Löcher an die Ränder der zu verbindenden Körperteile, drückst die Musterklammer durch und knickst sie fest.

5:: Wenn du die einzelnen Teile deines Pappenheimers miteinander verbunden hast, ist sein Körper fertig. Aber bewegen kann er sich noch nicht. Dafür braucht er die Stäbe. Zunächst befestigst du den Mittelstab am Kopf des Pappenheimers. Am besten klebst du den Stab mit einer Heißklebepistole fest. ⚠ Lasse dir dabei von einem Erwachsenen helfen. Wenn der Pappenheimer 2 Arme hat, klebst du jeweils hinter jede Hand einen Stab – bei mehreren Armen sind dann jeweils mehrere Stäbe erforderlich.

6:: Möchtest du den Pappenheimer bewegen? Das kannst du entweder allein tun, indem du den Mittelstab in deinen Hosengürtel klemmst und mit den beiden Händen die Stäbe der Pappenheimer-Hände hältst und bewegst.
Oder du suchst dir 1 oder 2 Assistenten, die mit dir zusammen den Pappenheimer halten.

7:: Deinen Pappenheimer kannst du weiter gestalten, indem du ihm noch Haare aus Wolle, Bast, Gräsern oder Schnüren anklebst. Und ist ihm vielleicht kalt? Dann fertige ihm doch eine spezielle Pappenheimer-Kleidung an – geeignet ist da alles, was sich an ihm befestigen lässt.
Nachdem du nun weißt, wie man Stabfiguren baut, kannst du auch andere Stabfiguren herstellen. Wie würdest du einen Löwen oder einen Vogel anfertigen? Kannst du dir auch vorstellen, eine Schlange als Stabfigur zu bauen? Und ein Tiefseekrake, wie viele Stäbe braucht der wohl? Ganz zu schweigen von einem Tausendfüßler …

Alter:
ab Klasse 1 (6 Jahre)

Dauer:
ca. 4 Stunden

Ablauf:
1. Doppelstunde
:: Einführung ins Thema (z. B. mit Bildbeispielen)
:: Umrisse der Figur auf Pappe zeichnen
:: Umrisse bemalen und ausschneiden

2. Doppelstunde
:: Verbindung der einzelnen Teile
:: Anbringen der Stäbe
:: Weitergestaltung der Figur

Material:
für jedes Kind
:: **Pappe**
:: **Schere**
:: **Musterklammern**
:: **Blei-**, **Bunt-** und **Wachsmalstifte**
:: **Wasserfarbe** und **Borstenpinsel**
:: **Holzstäbe**
:: weitere **Gestaltungsmaterialien**

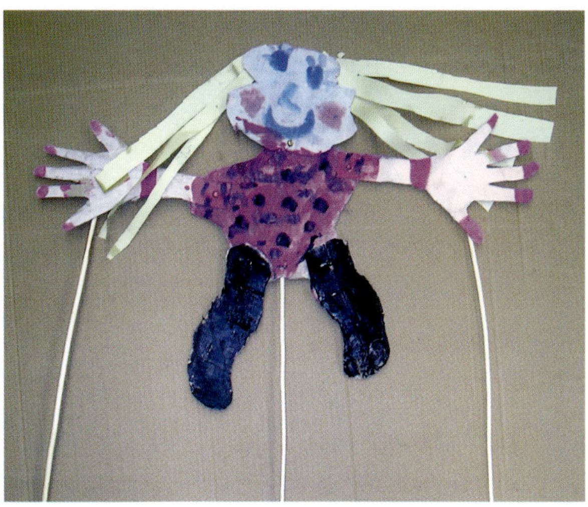

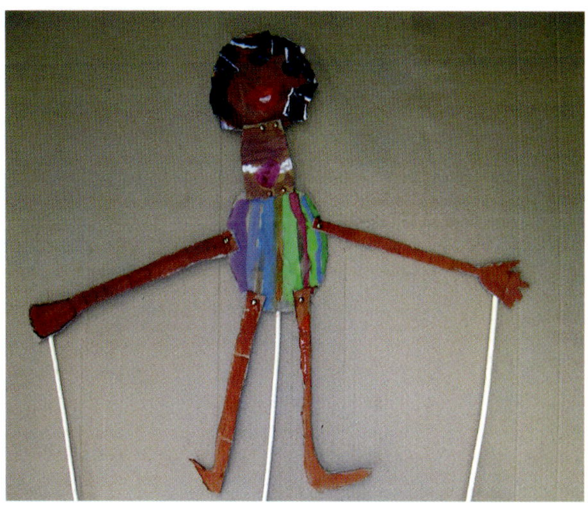

Handliche Gestalten

Wie man eine Handpuppe baut

Gedanken zu Händen

Die bekannteste Figur im Handpuppentheater ist wohl der Kasperl. Man braucht nur eine Hand, um damit Kopf und beide Arme bewegen zu können. 1 oder 2 Finger stecken im Kopf, die anderen in den Händen. So kannst du sogar 2 Puppen gleichzeitig spielen, zum Beispiel die Prinzessin und den Prinzen, die Schöne und das Biest oder Kasperl und Seppel. Dass es aber auch noch eine ganze Menge anderer Handpuppen zu bauen gibt, brauche ich dir vielleicht gar nicht mehr zu erzählen, oder? Denke doch nur mal an die unendlich vielen Gestalten, die im Land der Fantasie leben.

Schritt für Schritt zum handlichen Spielgefährten

1:: Zuerst entsteht der Puppenkopf. Hierfür zerdrückst du einen Bogen Zeitungspapier zu einer faustgroßen Kugel und umwickelst ihn mit Kreppband.

2:: Dann gestaltest du aus der einfachen Kugel einen Kopf, indem du kleinere Stücke Zeitungspapier zu einer Nase oder einem Auge, zu einem Schlappohr, einer Schnauze oder einer Drachenzacke formst und wieder mit Kreppband festklebst.

3:: Jetzt wird der Kopf mit einer Lage Kleisterpapier überklebt. Für das Kleisterpapier nimmst du Zeitungspapier, bestreichst es mit Kleister, reißt es in Stücke und klebst diese über den Kopf. Lege den Kopf dann einige Zeit zum Trocknen hin.

4:: Ist der Kopf fertig? Dann bohre mit der Schere ein fingerdickes Loch hinein, und zwar

an die Stelle, wo sich der Hals befindet. Nimm ein Stück Pappe, und rolle es so zusammen, dass dein Zeigefinger gut hineinpasst. Klebe das Röhrchen mit Kreppband am Kopf der Handpuppe fest. Du kannst es auch einen Erwachsenen mit Heißkleber kleben lassen. ⚠ Dieses Röhrchen dient dir später zum Halten des Kopfes.

5:: Jetzt kannst du den Kopf mit Acryl- oder Abtönfarbe bemalen. Auch hier ist es wieder empfehlenswert, die zurückliegenden Stellen (Mund und Augen) in einer dunklen Farbe zu bemalen, während die hervorstehenden Bereiche (Nase, Augenbrauen, Lippen) eher hell werden.

6:: Dann kannst du das Kostüm der Handpuppe anfertigen. Dazu brauchst du 2 Stücke Stoff. Sie sollten ungefähr um die Hälfte breiter sein als deine Hand und in etwa von den Fingerkuppen bis zum Unterarm reichen. Den Stoff nähst oder klebst du mit Flüssigkleber oder der Heißklebepistole so aneinander, dass du von einer Seite mit der ganzen Hand in das Stoffkostüm hineingelangst, während durch die gegenüberliegende Seite nur noch ein Finger passt. Dies ist dann die Stelle, wo der Puppenkopf montiert wird. Wenn du mit der Klebepistole arbeitest, lasse dir von einem Erwachsenen helfen.

7:: Der Kopf wird dann an dem Pappröhrchen an das Kostüm geklebt.
Zum Schluss klebst du noch ein paar Haare (Wolle, Bast, Schnur, Watte, usw.) auf den Kopf.

8:: Doch was wäre eine Handpuppe ohne Puppentheater? Im Grunde kann deine Handpuppe überall spielen, wo du dich selbst verstecken kannst. Lege doch einfach eine Decke über 2 Stühle, und setze dich dahinter – schon kann es losgehen.
Vielleicht bist du auch im Besitz eines großen Kartons. In diesen kannst du ein Fenster schneiden und dich dahinter verstecken?
Suche dir doch noch ein paar andere Orte, und experimentiere mit ihnen.

TIPPS:

Das Hinzufügen von Nase, Augen, Ohren etc. ist eine etwas anspruchsvollere Tätigkeit, die Geduld verlangt und auch manchmal die Hilfe von Erwachsenen.
Vielleicht können sich die Kinder aber auch gegenseitig dabei helfen: Einer hält die Teile fest, der andere befestigt sie mit dem Klebeband. Die Fingerführung lässt sich am sichersten mit einer Heißklebepistole anbringen.
Die Kinder können dies aber auch selbst mit Kreppband machen, was dann aber nicht ganz so haltbar ist.

Alter:
ab Kindergarten (5 Jahre)

Dauer:
4 Stunden

Ablauf:

1. Doppelstunde
:: Einführung ins Thema
:: Erstellung der Puppenköpfe
:: Bekleben der Puppenköpfe mit Kleisterpapier

2. Doppelstunde
:: Anbringung der Fingerführung
:: Bemalen des Puppenkopfes
:: Weitergestaltung des Puppenkopfes
:: Erstellen des Puppenkostüms
:: Anbringung des Puppenkostüms am Puppenkopf
:: Aufbau einer kleinen Bühne und Spiel mit den Puppen

Material:

für alle Kinder
:: **Kleister**
:: **Kleisterwanne** und **Plastikeimer**
:: **Heißklebepistole** und/oder **Flüssigklebstoff**, ggf. **Nadeln** und **Faden**
:: **Decken**, eine **Stoffbahn** oder ein großer **Karton** als Bühne

für jedes Kind
:: **Zeitungspapier**
:: **Kreppband**
:: dünne **Pappe** (für die Fingerführung)
:: **Stoff**
:: **Acryl**- oder **Abtönfarben** und **Borstenpinsel**
:: **Wolle**, **Schnüre** und/oder **Watte** für die Haare

Gefühlslandkarte
Wo die Gefühle leben

Gedanken über die Gefühlslandschaft

Unsere Gefühle können eine ganze Menge erzählen. Sie teilen uns mit, wie es gerade in uns aussieht. Gefühle können uns beschützen, zum Beispiel vor Gefahr, indem wir Angst fühlen oder wütend werden. Und sie zeigen uns, wenn die Gefahr vorbei ist, dann fühlen wir uns erleichtert. Wenn die Gefühle nicht wären, wären wir ganz schön aufgeschmissen.
Stelle dir vor, du bekommst ein Geschenk und kannst dich nicht freuen. Wie langweilig wäre das Leben doch ohne das Gefühl der Freude!
Aber Gefühle können auch sehr unangenehm sein. Kennst du das Gefühl, dass du dich schämst oder eifersüchtig bist? Sind das nicht ziemlich lästige Gefühle?
Manchmal fühlt man auch etwas und weiß nicht, was das ist. Kennst du das auch? Das kann dann schön und unangenehm sein.
Hast du schon einmal überlegt, wie viele Gefühle es in dir gibt?
Kannst du gleichzeitig verschiedene Gefühle fühlen?
Welches Gefühl magst du am meisten? Und welches Gefühl kannst du gar nicht leiden?
Um dir einen Überblick über deine Gefühle zu verschaffen, kannst du eine persönliche Gefühlslandkarte gestalten.

Schritt für Schritt zur Gefühlslandkarte

1:: Für deine Gefühlslandkarte brauchst du ein großes Blatt Papier. Du kannst aber auch auf Stoff malen. Mache dir zunächst Gedanken über die Gefühle, die du schon kennst.
Wie groß sind die verschiedenen Gefühlsländer?
Welche Form haben sie?
Gibt es in ihnen zackige Berge oder weiche Täler?
Wie sehen die Grenzen zu den anderen Ländern aus?
Überlappen sich manche Gefühlsländer?
Liegen kleinere Gefühlsländer in größeren verborgen?
Gibt es Gefühlsländer, die du kennst, aber deren Namen du nicht weißt?

Gibt es auf der Gefühlslandkarte auch freie Stellen?
Dann zeichne die einzelnen Gefühle als Länder auf das Blatt.

2:: Wenn du die Gefühlsländer gezeichnet hast, kannst du ihnen Farben geben. Versuche dabei, genau die Farbe zu finden, die zu dem jeweiligen Gefühl am besten passt. Am günstigsten sind dazu Wasserfarben, weil du damit leicht viele Farben mischen kannst. Du kannst aber auch Wachsmalstifte benutzen.

3:: Soll deine Gefühlslandkarte auch noch Gegenstände enthalten? Möchtest du bestimmte Abschnitte noch mit Stoffen, Bändern, Wolle oder andern Materialien gestalten? Sollen die Farben zu deinen gemalten Farben passen, oder mit den gemalten Flächen kontrastieren? Was passt zu deinen gemalten Gefühlen?

TIPPS:

Gefühle sind ein sensibles Thema. Manche Gefühle werden stärker, wenn sich Kinder damit beschäftigen. Bei dieser Übung sollte in jedem Fall der Raum für Gefühle da sein. Besonders gilt es, die Gefühle der anderen Kinder zu respektieren. Eine Präsentation bietet sich daher nur für diejenigen Kinder an, die auch wirklich zeigen wollen, was sie gemacht haben. In jedem Fall dürfen diese Bilder nicht bewertet werden!

Alter:
ab Klasse 3 (8 Jahre)

Dauer:
2 Stunden

Ablauf:
:: Einführung in das Thema der Gefühle
:: freies Gestalten der Gefühlslandkarte
:: ggf. Präsentation der einzelnen Bilder

Material:
für jedes Kind
:: **Papier** DIN A3 oder **Stoff**
:: **Wachsmalstifte**
:: **Wasserfarben** und **Borstenpinsel**

Tonwelten
Windesschnelle Abenteuer

Gewagte Gedanken

Der Berg, der bis an die Wolken kratzt, der noch höher ist als alles, was es je auf der Welt gegeben hat, ja, der die höchsten Hochhäuser der ganzen Welt in sich stapeln kann und noch immer Platz für noch höhere Häuser hat, dieser riesensuperhohe Berg steht hier vor dir! Ist das zu glauben?
Und da, sieh nur die Rennbahn, auf der ein Auto mit 2000 PS und 700 Stundenkilometern waghalsige Rennen mit einem fast noch schnelleren Auto fährt. Hörst du den ohrenbetäubenden Lärm auf der Piste? Siehst du die Wolke aus dem Auspuff, riechst du die verbrannten Reifen?
Aber was ist das schon gegen diese Höhle, in der das Weltenmonster liegt und schläft. Seid leise, weckt es nicht. Denn wenn es erst mal wach wird, dann könnt ihr laufen, dann ist es hinter euch her und schnappt mit seinen scharfen Zähnen und glotzt mit seinen Riesenaugen und greift mit seinen breiten Pranken nach euch allen! Passt auf! Es kommt!

Alles ist möglich in der Welt der Fantasie. Stehst du jetzt noch auf dem Berg, so bist du in der nächsten Sekunde schon am Grund der tiefsten Tiefsee. Dir genügt nur ein Gedanke, und schon bist du wieder oben, liegst auf einer grünen Wiese und lässt die Wolken ins Weltall treiben.
Wo immer du auch sein möchtest, in der Tonlandschaft kannst du es darstellen.

Klumpen für Klumpen zur fantastischen Welt

1:: Für deine Abenteuerreise in die Welt der Fantasie brauchst du ein großes Brett und ausreichend Ton. Decke als Erstes die Arbeitsfläche gut ab.
Am besten belegst du zunächst das ganze Brett mit kleinen Stücken Ton. So hast du für die späteren Gestaltungen einen guten Untergrund, auf dem die einzelnen Tonelemente fest kleben.

2:: Jetzt geht´s los. Womit willst du beginnen? Was kommt dir als Erstes in den Sinn? Was braucht deine Fantasiewelt im Moment? Fange einfach an, und lasse dich überraschen!

3:: Nimmt deine Welt so langsam Form an? Ist sie vielleicht schon fertig? Oder lassen sich noch einige andere Ideen mit dem Ton gestalten? Falls dir etwas nicht gefällt, kannst du den Ton einfach wieder zusammendrücken und neu beginnen.

4:: Gefällt dir deine Tonwelt? Dann lasse sie, wie sie ist. Wenn sie aber bunt sein soll, dann kannst du sie noch mit Wasserfarbe bemalen. Du kannst dazu auf den feuchten oder getrockneten Ton malen.

5:: Zum Schluss könnt ihr euch eure Welten gegenseitig vorstellen. Vielleicht kannst du auch erraten, was die anderen gemacht haben.

Es kann auch aufregend sein, wenn du die Fantasiewelt mit anderen zusammen baust. Und manchmal haben die anderen genau im richtigen Moment die richtige Idee und machen die Reise noch waghalsiger, als sie ohnehin schon ist.

Alter:
ab Kindergarten (5 Jahre)

Dauer:
2 Stunden

Ablauf:
:: Vorbereitung: Auslegen einiger Tonstücke um ein großes Brett bzw. mehrere Bretter
:: entweder Einteilung in Gruppen oder Einzelarbeit
:: Festlegen auf eine gemeinsame Zeit (zum Beispiel 20 – 30 Minuten)
:: gegenseitige Vorstellung der Tonwelten

Material:
für jedes Kind bzw. jede Gruppe
:: Abdeckung der Arbeitsfläche, am besten eine alte **Plastiktischdecke**
:: alte **Kleidung**
:: **Holzbretter**
:: **Draht** zum Schneiden
:: **Töpferton**
:: **Wasserfarben** und **Borstenpinsel**

Traumhäuser
Wie es sich gut leben lässt

Gedanken zum Lebens-Raum

Wenn du dir ein Haus selbst bauen könntest, wie sähe es dann aus? Welche Fenster hätte es? Braucht es überhaupt Fenster, oder besteht dein Haus aus Glas? Ist es braun, rot oder gelb? Oder glitzert es wie ein Edelstein? Hat es einen goldenen Schornstein und eine Wiese als Dach?
Erfinde doch dein eigenes Traumhaus!

Überlege, was dein Traumhaus alles können muss. Soll es dich beschützen, oder ist es ein offenes und gastfreundliches Haus? Oder soll es offen sein und dich trotzdem beschützen? Oder ist das Haus ein Spielhaus, eine Schule oder ein Hotel mit vielen spannenden Gästen? Vielleicht brauchst du auch ein Baumhaus oder ein Erdhaus. Muss es schwimmen? Soll es fliegen? Kannst du darin auch tauchen?

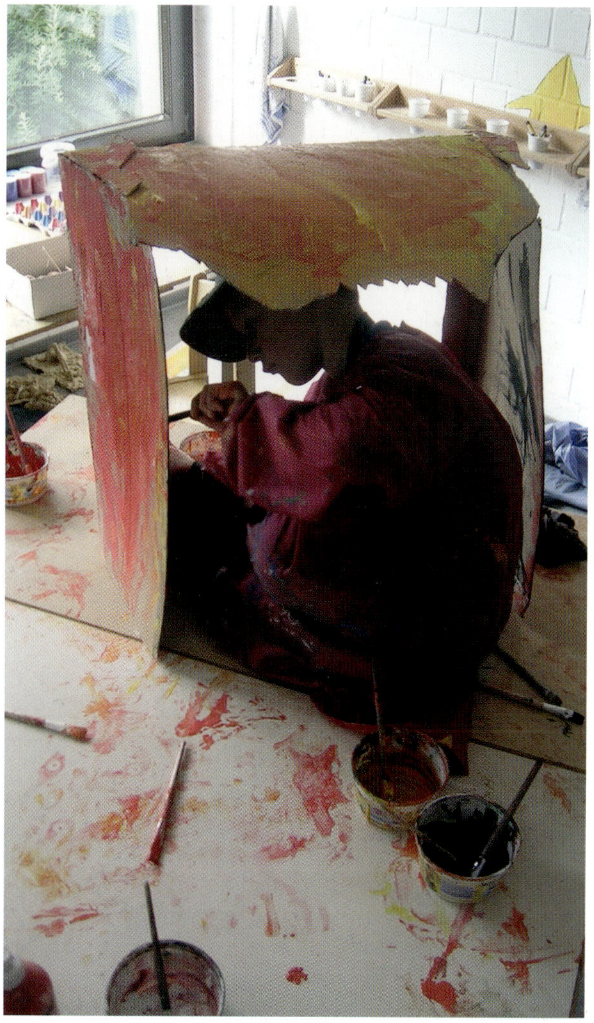

Schritt für Schritt zur traumhaften Behausung

1:: Für dein Traumhaus brauchst du Pappe. Eine hausähnliche Form haben bereits Pappkisten oder Umzugskartons. Du kannst dir aber auch die Wände des Hauses mit Kreppband oder einer Heißklebepistole zusammenkleben. ⚠ Braucht das Haus gerade oder schiefe Wände?

2:: Wenn die Mauern stehen, kannst du die Öffnungen ins Haus schneiden. Wo gibt es Türen und Fenster? Hat das Haus auch Hintertüren oder Geheimeingänge? Gibt es sogar unterirdische Türen?

3:: Was braucht es noch? Flügel oder Flossen? Steht das Haus auf Beinen oder auf dem Boden? Was fällt dir noch ein? Was muss es noch können? Was fehlt noch an dem Haus? Aus welchem Material sind die Außenmauern? Und in welcher Farbe zeigt sich dein Traumhaus? Braucht es Farbe? Oder wird es mit Gras oder Stroh beklebt? Ist es ein alter Baum mit einer dicken Rinde?

4:: Wenn alle Häuser fertig sind, könnt ihr sie als Stadt zusammenstellen.
Wie sieht die Stadt der Traumhäuser aus? Gibt es Straßen und Plätze? Fahren Autos in der Stadt, oder laufen die Menschen zu Fuß? Wie heißt die Stadt, das Land, der Kontinent, der Planet, das Sonnensystem, die Galaxie, in dem die Traumhäuser-Stadt steht?

Alter:
ab Klasse 1 (6 Jahre)

Dauer:
4 Stunden

Ablauf:

1. Doppelstunde
:: Bau der einzelnen Häuser
:: Gestaltung und Erweiterung der Häuser mit verschiedenen Materialien und Farben

2. Doppelstunde
:: Fertiggestaltung der einzelnen Häuser
:: Gruppierung der einzelnen Häuser zu einer Stadt
:: Weitergestaltung der Stadt

Material:
für jedes Kind
:: **Pappe** und **Pappkartons**
:: **Teppichmesser** und/oder **Scheren**
:: **Wasser**- oder **Abtönfarben** und **Borstenpinsel**
:: **Kleber**
:: **Heißklebepistole**
:: weitere Gestaltungsmaterialien, z.B. **Fundstücke**, **Flitter**, **Perlen**, **Holz**

Fantasiebühnen
Ein Stück von mir

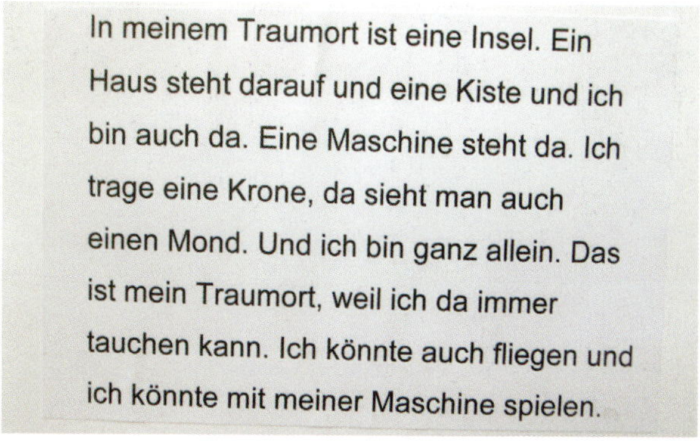
In meinem Traumort ist eine Insel. Ein Haus steht darauf und eine Kiste und ich bin auch da. Eine Maschine steht da. Ich trage eine Krone, da sieht man auch einen Mond. Und ich bin ganz allein. Das ist mein Traumort, weil ich da immer tauchen kann. Ich könnte auch fliegen und ich könnte mit meiner Maschine spielen.

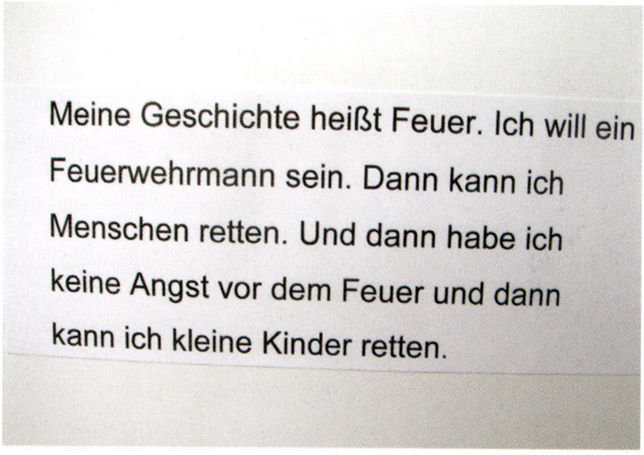
Meine Geschichte heißt Feuer. Ich will ein Feuerwehrmann sein. Dann kann ich Menschen retten. Und dann habe ich keine Angst vor dem Feuer und dann kann ich kleine Kinder retten.

Gedanken über Geschichten im Kopf

Du hast doch bestimmt schon einmal eine ganz besonders aufregende Geschichte erfunden. Eine Geschichte, die du dein Leben lang nicht mehr vergessen wirst. Wo etwas ganz besonders verrückt oder auch sehr außergewöhnlich war. Weißt du so eine Geschichte?

„Als ich in die Schule kam und am ersten Tag meine neuen Mitschüler sah, war unter ihnen auch ein Junge, der 3 Augen und 20 Arme hatte. Wie schrecklich! Und mit dem sollte ich jetzt in eine Klasse gehen? Dann musste ich mich auch noch neben ihn setzen, und als ich zu weinen begann, schimpfte meine neue Lehrerin mit mir, weil sie nicht sah, dass der Junge gar kein Junge, sondern ein Monster war. Das war mein erster Schultag."

„Als ich 5 war, habe ich einen Haifisch bekommen. Ich weiß noch ganz genau, wie aufgeregt ich war. Mama fiel sofort in Ohnmacht. Zwar wußte ich damals nicht, was ich mit einem so großen Fisch anfangen sollte, aber gefallen hat er mir trotzdem."

Bei diesen Geschichten hast du sofort Bilder in deinem Kopf. Diese Bilder kann man sichtbar machen. Im Theater gibt es zum Beispiel Bühnenbilder. Ein Bühnenbild ist alles, was auf der Bühne steht und dafür sorgt, dass die gezeigte Geschichte deutlich vor die Augen der Zuschauer kommt. Über das Bühnenbild fällt es den Zuschauern leichter, die Geschichte zu verstehen.
Wenn zum Beispiel ein Märchen im Wald spielt, so besteht das Bühnenbild meistens aus Bäumen und Waldtieren. Oder bei einer Astronautengeschichte dürfen Sterne und Raumschiffe nicht fehlen.
Bei den Fantasiebühnen sieht es ganz ähnlich aus.

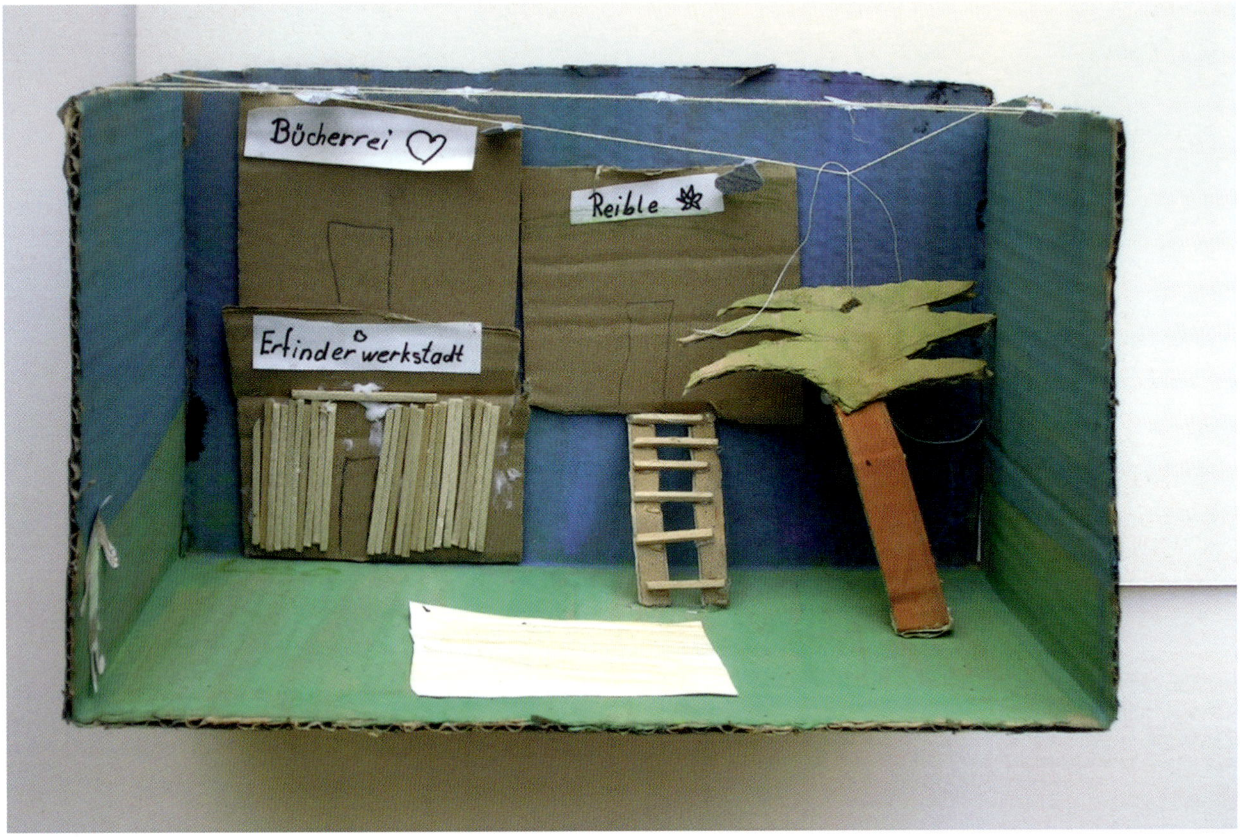

Schritt für Schritt zur Bühne der Fantasie

1:: Überlege dir eine Geschichte, die ganz besonders verrückt und außergewöhnlich ist oder die in deinem Gedächtnis besonders hängengeblieben ist.
Schreibe die Geschichte kurz auf, oder zeichne sie auf ein Papier.

2:: Für deine Fantasiebühne brauchst du etwas Pappe und Papier, Scheren, Kleber, Stifte und Farben.
Fange an, die wichtigen Personen, Tiere oder Gegenstände aus dem Papier und der Pappe zu gestalten.
Bei der ersten Geschichte würdest du vielleicht ein Klassenzimmer basteln. Die zweite Geschichte bräuchte bestimmt eine Badewanne für den Hai und ein Sofa für die Mutter.

3:: Hast du die Personen und Dinge gebaut? Dann fehlt noch die Bühne, auf der deine Geschichte spielen kann. Meist sieht eine Bühne wie ein geöffneter Kasten aus. Du kannst zum Beispiel einen Schuhkarton für deine Bühne nehmen. Oder du bastelst dir eine größere Bühne aus einem Karton. Wichtig ist dabei, dass deine Bühne groß genug ist, um die Geschichte wirkungsvoll aufzuführen.

4:: Wenn jetzt alles fertig ist, kann das Theaterfestival beginnen. Legt zuvor die Reihenfolge fest, wer wann seine Geschichte vorspielt. Und dann heißt es: Vorhang auf!

Du kennst noch andere Geschichten oder erfindest gerne welche? Dann schreibe sie doch auf, und baue dir dazu dein eigenes Theater mit Bühnenbild und Darstellern.

Alter:
ab Klasse 1 (6 Jahre)

Dauer:
6 Stunden

Ablauf:

1. Doppelstunde
- :: Einführung in das Thema
- :: Aufschreiben oder Zeichnen der Geschichte
- :: Gestaltung der Personen und der Gegenstände

2. Doppelstunde
- :: Bau der Bühne
- :: Gestaltung der Bühne mit den Personen und den Gegenständen

3. Doppelstunde
- :: Restarbeiten
- :: Entwicklung der Präsentation
- :: Durchführung des kleinen Theaterfestivals

Material:
für jedes Kind
- :: **Papier**
- :: **Pappe** und/oder (Schuh-)**Kartons**
- :: **Wasser**- oder **Acrylfarben** und **Borstenpinsel**
- :: **Stifte**
- :: **Kleber**, **Kreppband** und/oder **Heißklebepistole**

Fensterbilder
Was mir heilig ist

Besondere Dinge brauchen auch einen besonderen Platz.

Wichtige Gedanken

Was ist dir in deinem Leben am wichtigsten? Was ist dir so wichtig, dass du es auf eine einsame Insel unbedingt mitnehmen würdest? Wo macht dein Herz einen Sprung vor Freude, wenn du daran denkst? Was ist dir heilig?
In Kirchen gibt es Heiligenbilder, die so genannten Triptychen. Diese Triptychen können wie ein Fenster geöffnet und geschlossen werden. Das heißt, es gibt ein großes Bild in der Mitte, an dem zwei kleine Bilder seitlich hängen und wie Fensterflügel sind.
Auf den Bildern sind oft einzelne Szenen aus der Bibel oder besonders heilige Personen der Kirchen zu sehen. Zu bestimmten Anlässen werden diese Triptychen geöffnet. Oft ist ein Triptychon so groß, dass es den ganzen hinteren Teil eines Altars einnimmt. Ein Triptychon besteht aus einem großen Mittelbild und den kleineren seitlichen Bildern. Meistens stellt die Mitte das Heilige dar, also das, was ganz besonders wichtig ist, während die Seiten einen Teil zeigen, der sich auf die Mitte bezieht.

Schritt für Schritt zum leuchtenden Bild

1:: Du benötigst für dein eigenes Triptychon ein breites Stück Pappe. Falte dein Pappstück so zusammen, dass es sich mit den Seitenteilen verschließen lässt.

2:: In die Mitte zeichnest, malst oder gestaltest du das, was dein Mittelpunkt im Leben ist. Also das, was dir besonders wertvoll, ja, heilig ist. Du kannst auch Dinge oder Bilder aufkleben.

3:: Die Seiten sind für das reserviert, was mit der heiligen Mitte zu tun hat.
Dieses kannst du auch zeichnen, malen oder gestalten.

4:: Sind die drei Innenflächen fertig? Dann kannst du noch die Außenhülle deines Heiligenbildes gestalten. Braucht es vielleicht eine Verriegelung, damit nur du es öffnen kannst? Oder darf es jeder sehen? Wäre ein Griff zum Öffnen sinnvoll? Möchtest du es mit verschiedenen Gegenständen dekorieren? Oder gefällt dir ein Mosaik aus Pappstücken darauf am besten?
In jedem Fall sollte die Außenseite zeigen, wie wichtig dir das Innere ist.

Variante

Ihr könnt auch als ganze Schulklasse ein Triptychon gestalten. In die Mitte könnt ihr dann die Dinge kleben, die euch wichtig sind, während an die Seiten zum Beispiel eure Fotos kommen.
Fallen Euch noch andere Gestaltungsmöglichkeiten ein?

TIPPS:

Wenn ihr tatsächliche Gegenstände einkleben möchtet und nicht nur Bilder von Gegenständen, dann gestaltet zuerst die Außenseite, und klebt dann als Letztes die Gegenstände ein. Auf diese Weise könnt ihr eure Pappe auch noch bequem auf die andere Seite drehen.

Wenn ihr als Klasse gemeinsam arbeitet, kann jedes Kind für sich erst einmal seine „heiligen Dinge" gestalten, und ihr klebt sie dann gemeinsam ein. Ihr könnt aber auch als Klasse überlegen, was für euch gemeinsam so wichtig ist, dass es in eurem Triptychon enthalten sein soll.

Alter:
ab Klasse 1 (6 Jahre)

***Dauer*:**
2–4 Stunden

***Ablauf*:**
:: Einführung in das Thema
:: Vorbereitung der Fensterbilder aus Pappe
:: Gestaltung der Mitte, dann der beiden Seitenfenster
:: Gestaltung der Außenseite

Material:
für jedes Kind
:: **Pappstücke**, eins davon mindestens doppelt so breit wie hoch (z.B. 20 x 40 cm)
:: **„heilige" Dinge** oder Bilder davon zum Einkleben und Gestalten
:: **Wasser**- oder **Acrylfarben** und **Borstenpinsel**
:: **Kraftkleber** oder **Alleskleber**

Literatur- und Internettipps

Bücher, die zum Gestalten anregen

Africa Tribal art.
Edition Schulte Weiss, 2006.
ISBN 978-3-00-019666-9

Angst, Walter: **Wayang Indonesia**.
Die phantastische Welt des indonesischen Figurentheaters; The Fantastic World of Indonesian Puppet Theatre.
Stadler Verlag, 2007.
ISBN 978-3-7977-0534-1

Beil, Ralf (Hg.): **Masken**. Metamorphosen des Gesichts von Rodin bis Picasso.
Hatje Cantz Verlag, 2009.
ISBN 978-3-7757-2387-9

Bolliger Schreyer, Sabine: **Römische Mosaiken**.
Chronos Verlag, 2006.
ISBN 978-3-0340-0657-6

Klee, Paul: **Hand Puppets**.
Hg. vom Zentrum Paul Klee, Bern.
Hatje Cantz Verlag, 2006.
ISBN 978-3-7757-1740-3

Robert, Francois; Robert, Jean: **Gesichter**.
Ab 4 J. Gerstenberg Verlag, 2007.
ISBN 978-3-8369-5080-0

Kunst und Theater mit Kindern

Bany-Winters, Lisa: **Theater-Spiel-Training für Kinder.** Alles für den großen Auftritt.
8–12 J. Verlag an der Ruhr, 2000.
ISBN 978-3-86072-565-8

Kohl, MaryAnn F.: **Das Kunst-Ideenbuch**.
Künstlerische Techniken für Kinder.
Ab 5 J. Verlag an der Ruhr, 1996.
ISBN 978-3-86072-264-0

Kohl, MaryAnn F.: **Die Kunst-Ideen-Kiste für Kinder**. Kreativ experimentieren mit neuen Techniken.
Klasse 1–4. Verlag an der Ruhr, 2005.
ISBN 978-3-8346-0010-3

Strasser, Felix: **Figurentheater in der Grundschule**. Handbuch für Theorie und Praxis.
Schneider Verlag Hohengehren, 2002.
ISBN 978-3-89676-549-9
Im Handel nicht mehr erhältlich.

Internetseiten

http://de.tfm-luebeck.com/
Seite des Theaterfiguren-Museums in Lübeck. Dort kann man auch DVDs beziehen.

www.puppentheater-museum.de/
Homepage des Berliner Puppentheater-Museums, mit Infos zu Veranstaltungen und Workshops sowie einer Bildergalerie.

www.impro-theater.de/
Portal für Improvisationstheater. Mit Spielen, Links, Buchtipps und Workshop-Übersicht.

www.vdp-ev.de/
Homepage des Verbandes deutscher Puppentheater, ein Portal mit aktuellen Infos zu Workshops und Inszenierungen, einem Verzeichnis der Puppentheater in Deutschland und einer interessanten Linksammlung.

www.ymsd.de/mus-e.html
Die Homepage von MUS-E® auf der Seite der Yehudi Menuhin Stiftung. Wenn Sie sich dafür interessieren, MUS-E® an Ihrer Schule zu implementieren, finden Sie hier alle Informationen dazu.

Raum für Notizen

Verlag an der Ruhr

Alexanderstraße 54
45472 Mülheim an der Ruhr

Telefon 05 21/97 19 330
Fax 05 21/97 19 137

bestellung@cvk.de
www.verlagruhr.de

Es gelten die Preise auf unserer Internetseite.

Kandinsky für Kinder
Eine Werkstatt
Birgit Brandenburg
Kl. 3–4, 62 S., A4, Papphefter (mit vierf. Abb.)
ISBN 978-3-8346-0436-1
Best.-Nr. 60436
19,50 € (D)/20,– € (A)/34,20 CHF

Gustav Klimt für Kinder
Eine Werkstatt
Stephanie Cech-Wenning
Kl. 3–4, 70 S., A4, Papphefter (mit vierf. Abb.)
ISBN 978-3-8346-0435-4
Best.-Nr. 60435
19,50 € (D)/20,– € (A)/34,20 CHF

Bildbetrachtung – aktiv
90 Ideen für Grundschulkinder
Susanne Vogt
6–10 J., 112 S., A4, Paperback, vierfarbig
ISBN 978-3-8346-0299-2
Best.-Nr. 60299
19,50 € (D)/20,– € (A)/34,20 CHF

Aber ich kann doch gar nicht textil gestalten!
Textilgestaltung unterrichten für „Luftmaschenhäkler"
Jakobine Wierz
Kl. 1–5, 172 S., 16 x 23 cm, Paperback
ISBN 978-3-86072-725-6
Best.-Nr. 2725
17,– € (D)/17,50 € (A)/29,90 CHF

Aber ich hab doch zwei linke Hände!
Werken unterrichten für „Ungeschickte"
Jakobine Wierz
Kl. 1–5, 169 S., 16 x 23 cm, Paperback
ISBN 978-3-8346-0001-1
Best.-Nr. 60001
17,– € (D)/17,50 € (A)/29,90 CHF

Mit Fingern und Fäden
Einfache Textiltechniken – Schritt für Schritt
Svenja Maibaum
6–10 J., 72 S., A4, Papphefter (mit vierf. Abb.)
ISBN 978-3-8346-0375-3
Best.-Nr. 60375
19,50 € (D)/20,– € (A)/34,20 CHF

Alles über Farben
Eine Werkstatt
Astrid Jahns
Kl. 1–4, 68 S., A4, Papphefter (mit vierf. Abb.)
ISBN 978-3-8346-0085-1
Best.-Nr. 60085
19,50 € (D)/20,– € (A)/34,20 CHF

Alles mit Formen
Eine Werkstatt
Birgit Brandenburg
Kl. 2–4, 72 S., A4, Papphefter (mit vierf. Abb.)
ISBN 978-3-8346-0374-6
Best.-Nr. 60374
19,50 € (D)/20,– € (A)/34,20 CHF

Entdecken • Malen • Gestalten